JN117966

キリスト教史の学び（下）

越川弘英［著］

キリスト新聞社

はじめに

　本書はキリスト教の歴史を初めて学ぶ方々のための入門書である。キリスト教はイエス・キリストの登場以来、およそ2000年という長い歳月を経て、今日もなお世界中で多くの人々に信仰されている生きた宗教である。本書はこうしたキリスト教の歴史をそれぞれの時代の社会的現実との関連のもとで概説するとともに、そうした時代を象徴するキリスト教徒たちの特徴的な活動や思想を取りあげながら、古代から現代にいたるまでのキリスト教の通史をわかりやすく叙述することをねらいとしている。

　本書ではキリスト教の歴史を、古代、中世、近世、近現代という4つの時代に大きく区分して取り扱う。そして上巻では古代から中世まで、下巻では近世から近現代までの時代を取りあげる。

　本書は入門書としての性格に基づいて、以下に挙げる3つの点に配慮しながら執筆を進めたつもりである。

　まず第1に読者がキリスト教の歴史の全体的な流れを知るとともに各時代に生じた重要な出来事について学べるような著作となることを心がけた。ただしそれはキリスト教の歴史を年表的なかたちで網羅的に記述するということでもなければ、事件や人物などの知識を一律に提供するということでもない。本書では著者の判断においてとくに重要と思われることがらについては他のことがらよりも多く叙述し、なるべく複数の資料や学説を紹介している。このことを裏返していえば、本書においては十分に取りあげることのできなかったキリスト教史のテーマや領域（たとえばキリスト教の神学や思想史に関する分野など）があることもあらかじめお断りしておかなければならない。

　第2に本書ではキリスト教の歴史においてとりわけ重要な働きを担った

象徴的な人物に焦点をあて、そうした人の生涯や活動を通してその時代のキリスト教の特徴や課題を描き出すことを行っている。読者はこのような小著にもかかわらず、往々にして不釣り合いなほど多くの頁が個々の人物に対する叙述に割かれていることに気づかれることと思う。言うまでもなく歴史はひとりの英雄や偉人の力によってかたち作られるものではなく、また個々人の活動の単純な総和や集積に留まるものでもない。しかし歴史という大きな運動の基底に存在するものがその時代を生きたひとりひとりの具体的な人間であることは事実であり、時としてある特定の人物がその時代の特徴を典型的なかたちで象徴することがあるのもまた事実なのである。本書ではそうした人物を取りあげ、キリスト教とその人物の関わりから生まれた思想、活動、そしてその人生について読者とともに分かち合いたいと考えている。

　第3に本書では意識して本文中になるべく多くの資料や研究者の著作から引用を行い、また各章の最後や巻末に日本語で読める比較的最近の参考文献を紹介している。当然のことながら、本書のような小著においてキリスト教史の全貌をあますところなく詳細に論述するということは不可能である。もし本書を通してキリスト教の歴史に興味を持たれた読者がおられるとすれば、これらの文献や資料を通してさらに深くまた広く学びを積み重ねていかれることを願っている。

　なお本文中でゴシック体で表記した部分は、キリスト教史における基本的な事項や重要人物などを示している。また各章のコラムは本文で取りあげたテーマなどをさらに補足・説明するために、あるいは本文で取りあげられなかった人物や出来事などを紹介するために適宜設けたものである。

目　次

キリスト教史の学び（上）
目次

はじめに

第Ⅲ部　近世のキリスト教

　通常の歴史区分において「近世」という場合、15世紀から18世紀までを含むことが一般的であるように思われる。しかしながら本書においては、宗教改革とその後につづく一連の宗教戦争の時代を含めてキリスト教史における近世として取り扱うことにする。象徴的にいえば、ルターが「95箇条の提題」を公表した1517年から、最大の宗教戦争であった三十年戦争を終結させたウェストファリア条約締結の1648年までをひとつの時代区分とみなすことにしたい。

　この時代はプロテスタントの諸教派の登場によって、カトリックを中心とする中世の統一的な体制が崩壊し、西ヨーロッパにおけるキリスト教の多元化現象が生じた時代であった。プロテスタントの諸教派の多くはそれぞれの地域の政治権力と結びつきながら教会形成を進める一方、その一部は北米においてもその活動を繰り広げていった。他方、カトリックもまた中世後期以来の課題に対する改革を経て、スペインやポルトガルの海外進出に伴いつつ世界宣教という大事業に乗り出していった。この時代は（文字通りの意味で）キリスト教が世界宗教としての地歩を占めるようになった時代であり、また植民地におけるさまざまな宣教の課題に直面することになった時代でもあった。

　第14章から第16章までの各章においては、ルター派、改革派、英国国教会の宗教改革の展開と特徴を概観する。第17章はカトリック改革の象徴となったトリエント公会議について、またその改革と世界宣教を担ったイエズス会について取りあげる。第18章ではカトリックの世界宣教の一環として起こった16世紀の日本への宣教について、ザビエルの活動から徳川幕府のもとにおける禁教までの流れを概観する。そして第19章は北米の植民地に進出したキリスト教について、ピューリタンの活動を中心に概説するとともにこの時代の宗教的寛容の問題についても考察する。

第１４章　ドイツの宗教改革

　宗教改革はヨーロッパの中世から近世への移行期に生じた現象であり、また
そうした移行を推進する重要な要因のひとつとなった出来事であった。この運
動は西方のキリスト教世界においてカトリックとプロテスタントの諸教派が並
び立つ宗教的多極化という新たな現実を現出せしめることとなった。本章では
１６世紀初頭のヨーロッパの全体的状況を概観し、次に宗教改革の発端となった
ドイツの宗教改革について、マルティン・ルターの生涯と思想を中心に考察する。

（１）宗教改革の背景

〔16世紀初頭のヨーロッパ〕

　中世から近世への移行において起こった変化とは、大局的に見れば、中
世的な統一的世界の終焉と分解であったといえよう。もちろんその実態を
厳密に観察するならば、中世のヨーロッパが世俗的政治的な体制において
も、また宗教的精神的な領域においても、完全に統合された一元的な世界
だったというわけではない。しかし少なくとも理念上からいえば、ヨー
ロッパが神聖ローマ帝国とカトリック教会、また皇帝と教皇というふたつ
の中心を有するひとつの世界であり、またそうあるべきだという意識が中
世という時代を覆っていたことは否定できない事実であろう。しかし今や
ヨーロッパ世界はこうした理念すらも喪失し、地域的な王権や都市国家の
伸張により、また宗教改革によるプロテスタント諸教派の登場によって、
さまざまな勢力が並存する多極的な世界という新たな現実へ移行すること
になったのである。

　神聖ローマ帝国と皇帝の権力は中世半ばからすでに弱体化する傾向に
あった。その傾向はこの時代の終わりにさしかかる頃に、外と内からの二
重の圧力によってますます強まっていった。外からの圧力とは帝国の周辺

に自立した諸国家が台頭してきたことを意味する。たとえばイングランドでは1485年に登場したチューダー王朝以降、また百年戦争を経験したフランスではシャルル7世（在位1422〜1461年）以降、それぞれ主権国家体制の確立が進んでいった。また内からの圧力というのは、帝国内部の領邦国家がそれぞれに自立を強め、皇帝の力をさらに限定するようになっていったことを意味する。たとえばバイエルン、プロイセン、ザクセンといった領邦国家が主権国家的な性格を帯びるようになった。また13世紀末にはスイス同盟（連邦）が成立し、皇帝は1499年にその独立を承認することになったのである。

　このようにして興隆してきた国家と為政者たちは行政機構を整備し常備軍を保有することによって支配体制を固め、経済活動にも介入して統制を強化していった。これらの世俗の権力者たちからすると、国内におけるカトリック教会の存在はいろいろな意味で大きな問題を含んでいた。教会や修道院は大土地所有者であり、膨大な資産を保持し、宗教税やその他のさまざまな特権によって巨大な利益を享受していた。また教会は教皇のもとに全ヨーロッパを覆う超国家的な組織と権力を形成しており、しばしば教会と国家の利害関係が抵触したり対立することが生じた。しかし中世を通じてキリスト教の影響力は社会の隅々にまで浸透し、民衆の日常生活や精神性に深く根づいていたので、当時の為政者にとって、そのような「**キリスト教世界」（コルプス・クリスティアヌム**）という大前提を無視したり否定したりすることは考えられないことだったのである。

　とはいえ、カトリック教会のこうした存在と影響力は、独立した国家体制の確立を求める為政者の立場からすればとうてい放置しておくわけにはいかない課題であった。中世以来、世俗の王や領主たちは領土内の教会や修道院に対してさまざまな方法で制限を加えることを試みてきた。14世紀の英国で反カトリック的な主張を繰り広げたウィクリフが国王から支持を得た背景にはこうした構図や経緯があったことを想起しなければならない

（上巻・第13章参照）。このような視点からすれば、宗教改革とは当時、台頭しつつあった主権国家がさらに決定的な一歩を進め、カトリックそのものから分離する一方、国益にかなうキリスト教会を独自に国内に設立した出来事だったとみなすことができるだろう。つまり国家サイドから見れば大半のプロテスタント教会は為政者の支配体制を補完する宗教的機構だったということになる。

　「キリスト教世界」という理念の中に含まれる「教会はその地域社会の住民全員に対して責任を負うべきものである」という思想は、ローマ帝国による国教化以降、キリスト教会が延々と引き継いできたものであり、この時代のプロテスタントの多くもこの理念を受け入れていた。換言すれば、中世においてカトリック教会が全ヨーロッパに対して持っていた位置を、プロテスタントは各地の国家レベルにおいて継承したのである。この点について徳善義和は、宗教改革の原語である「リフォーメーション」(Reformation) の再解釈と関連させて、次のような意見を述べている。

　　　「リフォーメーションを日本語にするならば、やや生硬な表現だが、「再形成化」という言葉がふさわしいのではないかと筆者は考える。（中略）すなわち、それまでキリスト教的一体世界であった西欧が、ルターの始めた運動をきっかけにして細分化し、キリスト教世界であることに変わりはないものの、従来のあり方とはまったく別の、多様なキリスト教世界に再形成されたということである。」（『マルティン・ルター』116〜117頁）

　換言すれば、宗教改革によってそれまでの全ヨーロッパ的な規模における単一の「キリスト教世界」が各国の次元における複数の「キリスト教世界」に転じたわけである。それは一般の人々からすれば長年にわたって馴染んできたキリスト教的価値観を継承するものであったが、他方それはまた来たるべき国民国家や民族的意識の形成に資する民衆の精神的統一の基

盤となるものでもあった。

　小泉徹は国家と宗教改革の関係について、「プロテスタンティズムをプロテスタンティズムとして生き残らせたのは、主権国家の出現という世俗的契機であった。新たな主権国家は自らの正統性を保証する理論的支柱を必要としていたし、プロテスタントは自分たちを保護する世俗的権威を必要としていた」と述べ、さらに次のように明言する。

　　「したがって宗教改革の帰結が、個人の良心にもとづいて集まる人びとの独立教会を形成する方向に向かわず、主権国家を一つの宗教によって統合する国家教会をつくりだす結果になったことは驚くに値しない。」（『宗教改革とその時代』81頁）

　もちろん国家を中心とするこうした視点は宗教改革という出来事の一面を描き出しているにすぎないことも事実である。少なくともルターをはじめとする改革者たちの活動の動機は第一義的には宗教的なものであって政治的なものではなかったし、彼らがつねに国家の要求に従順だったわけでもなければ、国家と一体化していたわけでもないことは覚えておかなければならない。むしろルターにせよツヴィングリにせよ、宗教改革者の多くはその信仰的確信に根ざして、改革されたキリスト教を通じて国家社会を刷新し、国民すべてが神の導きに従って歩むものとなることを願って、主体的に世俗的権威に働きかけた人々であった。それゆえに彼らは教会の改革や宗教的な霊性の涵養に関心を寄せただけでなく、国民の教育制度や倫理道徳を含む精神的指導にも積極的に関わっていったのである。

　ともあれ結論的にいえば、この時代の各地の世俗の権力者たちとプロテスタントの改革者たちの相互のニーズが出会った結果、宗教改革はこの時代を揺るがす一大運動となったのであり、宗教的な変革が政治・経済、そして社会のさまざまな側面における変革にまで拡大深化することになった

のである。ただし繰り返し述べておくが、そうした為政者と改革者の関係は必ずしもつねに良好だったわけではなかったし、いろいろな葛藤や駆け引きを含むものであったことは覚えておく必要がある。

〔ルネサンスと人文主義〕

　ルネサンスは「文芸復興」と訳されることもあるが、もともとは「再生」を意味する言葉であった。それは中世を退廃の時代として否定的に評価する一方、古典古代の文明を理想としてその再生と復興をめざす運動であった。当初、この運動は14世紀のイタリアにおいて絵画や彫刻などの新たな芸術運動として花開いたが、後にヨーロッパ各地に展開していく中でさまざまな学芸や研究活動を含む、幅広い「人文主義」の運動としての性格を持つようになっていった。

　人文主義（フマニスムス）とは端的にいえば「人間中心主義^{ヒューマニズム}」ということであり、ゴンサレスによれば、「人間を宇宙の中心と位置づけ、万物の尺度と見なす傾向全般」（『キリスト教史（上）』393頁）を表現するという。しかしルネサンスの時代に限っていえば、それはギリシア・ローマの古典文学への原点回帰をめざした文芸運動と理解できるとともに、他方においては中世以来のキリスト教的な価値観や教会の権威からの解放をも含意する活動でもあった。

　人文主義者の中にはイタリアのペトラルカやボッカチオ、フランスのラブレー、イギリスのトマス・モアなどが含まれるが、もっともよく知られている代表的人物がオランダ出身の**デシデリウス・エラスムス**（1466～1536年）である。彼は厳密な実証的歴史的方法によって古代の教父の文献や古典文学研究に大きな成果を上げたが、宗教改革との関連における最大の功績は新約聖書のギリシア語原典を校訂して出版したことである。エラスムスのこの働きは、**ロイヒリン**（1455～1522年）による旧約聖書のヘブライ語原典の校訂とともに、ルターをはじめ聖書主義を主張する宗教改革

者たちに大きな恩恵をもたらすものとなった。

〔宗教改革と「源泉志向」〕

　ある意味において、宗教改革もルネサンスと同様、キリスト教を再生し復興しようとする運動だったといえるだろう。厳密にいえば、改革者たちはキリスト教を刷新したり改革することを願ったわけではない。ルターやカルヴァンが求めたのは、彼らが本来のキリスト教と考えた過去の理想的な姿へ立ち帰ることであり、それはいわば「原点回帰」もしくは「源泉志向」の運動だったのである。

　出村彰によれば、「源泉志向」という点に限っていえば、プロテスタントの宗教改革者たちも、カトリック内部の改革者たちも、同一線上に立っていたという（『総説キリスト教史２』20頁）。両者の相違といえば、それぞれの改革者たちが過去のどの時代のキリスト教会の姿を原点、すなわちめざすべき理想とみなしたかという点にあった。カトリックの改革者たちが12〜13世紀という中世盛期のキリスト教世界を理想としたのに対し、プロテスタントは中世以前の初期教会を回帰すべき原点に掲げたのである。さらにプロテスタントの中にも相違があって、初期教会という場合、コンスタンティヌス体制以降の国教会化された教会をめざすのか、それともそれ以前の国家とは分離した信仰共同体としての教会をめざすのかによって、根本的な違いが浮上してきた。すなわちルターやツヴィングリ、カルヴァンといった改革者たちが前者をめざしたのに対し、スイスで生まれた再洗礼派などは後者のあり方をめざしたのである。

　宗教改革はドイツにおけるルターの活動から始まったとされるが、しかしそれと相前後してスイスではツヴィングリが改革に着手しており、その他の各地でもこれらの人々に呼応するかたちで運動は急速に伝播し拡大していった。つまり改革者個々人の信念や活動もさることながら、この時代にはすでにそうした改革を受け入れる環境と人々が広く存在していたこと

を覚えておく必要がある。改革に対するこうした積極的な条件は中世後期の歴史的展開の中で整えられてきたものであった。おそらくそれは遠くグレゴリウス改革などのカトリックの改革運動にまで遡り、13世紀の民衆の信仰運動の高揚、そしてウィクリフやフスなど宗教改革の先駆的運動といった経緯のもとで培われてきたものであったといえるだろう。

　宗教改革者たちの多くは「信教の自由」とか「政教分離」といった理念とは無縁の存在であった。それどころかルターをはじめとする大半の改革者は自らの掲げるキリスト教の信仰と教会のあり方こそ正統なものであると主張し、それ以外の信仰や教会を認めようとはしなかった。カトリックもプロテスタントも自分たちこそが真のキリスト教であるという信念に立って他を認めず、世俗の為政者たちも自分の支配する地域においては特定の教派のキリスト教だけを公認して、これを領内の民衆に強制した。こうしたやり方が公認されることになったのが後述する1555年のアウクスブルク宗教和議であり、最終的には1648年のウェストファリア条約であった。しかしこのような原則が認められるようになるまでに、ヨーロッパは１世紀以上に及ぶ長い宗教戦争の時代を経験することになった。こうした宗教戦争として、主なものだけでもドイツにおけるシュマルカルデン戦争（1546～1547年）、三十年戦争（1618～1648年）、フランスにおけるユグノー戦争（1526～1598年／８次にわたって断続的に続いた）、イギリスにおける英国国教会とカトリックの間の主導権争い（主として1534～1563年）、ピューリタン革命（1642～1649年）などを挙げることができる。

（2）ルターとドイツの宗教改革

［マルティン・ルター］

　マルティン・ルター（1483～1546年）はザクセン地方のアイスレーベンで、父ハンスと母マルガレーテの子として生まれた。ハンス・ルターは息子の

生まれた翌年にマンスフェルトに移って採鉱業を始めた。父親はルターが法律家になることを望み、エルフルト大学で法学を学ばせた。ルターは、ツヴィングリやカルヴァンといった改革者、あるいは彼の後継者となったメランヒトンなどと異なり、大学において人文主義の影響をほとんど受けなかった。むしろルターは啓示の客観性や理性への不信といった点で後期スコラ主義に立つウィリアム・オッカムから影響を受けており、また後にはアウグスティヌスやアンセルムスを研究している。

　ところでルターは父の意に反して在学中に修道院に身を投じた。こうしたルターの突然の転身については、友人の死を身近に経験したこと、また1505年6月30日頃、激しい雷雨に見舞われた際、馬から落ちた彼が「聖アンナよ、お助けください。私は修道士になります」と叫んだことが契機となったと伝えられている（聖アンナは鉱夫の守護聖人）。父ハンスは息子が修道院に入ったことを激怒し、長らくふたりは不和のままであった。

　ルターはエルフルトにあった7つの修道院のうちでも厳格で知られていたアウグスチノ会（アウグスティヌス隠修士会）に入会した。ここでルターの師となったのが修道会総代理**ヨハン・フォン・シュタウピッツ**（1469〜1524年）である。ルターは1507年頃に司祭、1512年に神学博士となった。彼はヴィッテンベルク大学においてシュタウピッツの後任として聖書学の講座を担当することになり、生涯その職務に留まった。この大学はザクセン選帝侯**フリードリヒ3世**（**賢公**、1463〜1525年）によって1502年に開設されたばかりの学校であった。

　修道院に入った当初、ルターの精神生活はけっして平穏なものではなかった。ルターは自身の罪と救いをめぐる深い苦悩に陥り、真の精神的平安を得るための苦行に取り組んだ。カトリックの教えによれば、人間の救いへの歩みは先行する神の恵み（恩恵）によって始まり、人間自身の善き行為（功績）の協働を伴って完成されるということになっていた。しかしルターにとって、人間存在の根底にまで達する罪の問題はもろもろの善き

行為によって克服されるようなものではなく、むしろそうした行為によって人間の罪深さがあらわにされるという思いを持つようになっていった。苦行に徹すれば徹するほど、彼は不安や不足の高まりを覚え、救いの確信を持つことができないという状況に落ち込んでいった。神秘主義の学びや1510年のローマへの旅行もルターの不安を解消するにはいたらなかった。

　ルターの信仰と生涯における大きな転機となった「福音の再発見」と呼ばれる出来事が起こったのは、1513年から15年頃にかけてのことだったと考えられている。この時期、ルターは大学で詩編、ローマ書、ガラテヤ書などの釈義を行っていた。聖書を学ぶ中で、ルターは人間の救いにおいては神の一方的な救いの意志こそが決定的であって、人間はこの神の恵みに信頼してすべてを委ねることによって「義」とされる（神に受け入れられる／救われる）という確信に到達した（信仰義認）。彼は神と人間の協働による救いというそれまでの考え方を否定し、人間の功績は救いにとって何の役にも立たないという立場をとるにいたった。ルターによれば、神はその救いの意志をイエス・キリストを通して、とりわけ人間の罪を贖う十字架におけるイエス・キリストの受難と死を通して、はっきりと啓示したのである（十字架の神学）。ある意味で、この時、ルターが経験したことは、自力本願・自力救済という生き方から、恵みの神とイエス・キリストにすべてをまかせるという他力本願への生き方への転換であったといえる。

　　「ルターによれば人間から神への道は全くふさがれている。そのように真剣に罪は考えられなければならないのである。ただキリストという神から人間への道がある。これがルターの救済の確かさであり、この確信、歓喜、喜びがその後の彼の生涯を貫き、彼の力が流れ出る源泉であった。」
　　（藤代泰三『キリスト教史』261頁）

　こうしたルター自身の人格的実存的な経験が、宗教改革における「信仰

コラム㊼　宗教改革の三大原理～「信仰のみ」「聖書のみ」「全信徒祭司制」

　プロテスタントに共通する主張、いわゆる「宗教改革の三大原理」と呼ばれるものが「信仰のみ」「聖書のみ」「全信徒祭司制（万人祭司）」である。「**信仰のみ**」（sola fide）とは、人間の救いに関して、（カトリックが認めていたような）信仰とともに善行などの行為が必要であることを否定し、ただイエス・キリストにおいて示された神の恵みへの信仰によって救われる（「信仰義認」）という主張である。「**聖書のみ**」（sola scriptura）とは、カトリックの教皇制をはじめとする教会の権威や伝統（伝承）の権威を認めず、聖書のみ（聖書の中に啓示されているキリストのみ）がキリスト教会の唯一の権威であるとする主張である。「**全信徒祭司制**」とは、カトリックのように司祭と信徒の間を区別する身分的な違いを認めず、すべてのキリスト者は神の前における祭司であって、人々と神との間の執り成し手として働く使命にあずかっているという主張である（この点は『ドイツのキリスト者貴族に与える書』、また『キリスト者の自由』第16と第17を参照）。

のみ」「聖書のみ」という重要な原理に結びつき、さらに信仰義認という理念は人間の善行や功績を否定する主張へ結びつくこととなった。そしてこのことはやがて必然的に、功績のひとつと考えられていた贖宥をめぐる問題にルターの目を向けさせることになったのである。

〔宗教改革の発端〕
　1517年10月31日、ルターはマインツの大司教アルブレヒトに書簡を送った。それは「**95箇条の提題**」として知られるようになったもので、正式名称は「贖宥の効力に関する討論提題」であり、その中でルターは贖宥状（いわゆる「免罪符」）について神学的に論じその売買を非難していた。ルター自身の思惑がどのようなものであったにせよ、結果的にこの出来事が宗教改革の発端となり、その後数世紀にわたってヨーロッパ全体を揺るがす契機となったのである。

　贖宥とは中世のキリスト教会の悔悛制度に由来するもので、人が犯した罪に対する贖い（償い）を免じることを意味しており、西方教会では11世紀の十字軍の時代以降とりわけ人々の関心を集めるものとなっていた。贖宥の背後にあった神学的理論とは、先述したように救いに際して人間の善行や功績が有効であるという前提に立つものであった。カトリック教会の論理によれば、歴代の多くの聖人たちは自分自身の救いに必要とする以上の功績を積み重ねているので、その余剰分は聖人や聖遺物への崇敬、また贖宥状の購入を通して、他の人々の救いのために融通・代行することができるというのである。贖宥状は購入した当事者ばかりでなく、すでに死んで煉獄で苦しんでいる者に対してもその苦痛の期間を短縮したり解放する効力を持つとされたので、人々は贖宥状を熱心に買い求めるようになった。こうして贖宥状は教皇の許可のもとで発行され、莫大な利益を上げる手段となった。ルターをはじめ宗教改革者たちは贖宥状を看過できない信仰上の問題として批判し弾劾したが、他方、世俗の為政者にとっても、贖宥状は国内の富を教皇庁に流出させるものであったために望ましくないものであった。

　ルターから弾劾されたアルブレヒトは枢機卿であり、すでにマインツの大司教の職にあったが、さらに複数の大司教区の職務を兼任することを望み、教皇レオ10世（在位1513～1521年）に許可を求めていた。教皇はそれを認めるにあたって巨額の献金を要求したので、アルブレヒトはフッガー家からの借入金でそれをまかなった。アルブレヒトはその金の返済にあてるためドイツ国内における贖宥状の販売権を教皇に求めたが、教皇は贖宥状の利益の半分をフッガー家に、残りの半分を教皇庁に送るという条件でこれを認めた。当時、教皇庁は教皇ユリウス2世（在位1503～1513年）の時代に始められた聖ペトロ大聖堂の建設資金の捻出に苦しんでおり、贖宥状の売り上げをその資金に充当しようとしたのである。

　1517年、ドイツ各地で贖宥状の販売が始まった。ルターのいたザクセン

コラム㊽　グーテンベルクの活版印刷と宗教改革

　宗教改革を支えた要因のひとつとしてしばしば言及されるのが、15世紀中頃マインツの**グーテンベルク**が発明した活版印刷の出現である。当時のメディア革命ともいうべきこの新技術の登場によって、改革者たちはその主張を短期間に広く知らしめることが可能になった。藤本満によれば、「宗教改革以前、ドイツにおける出版物の種類は年間平均100以下だったのが、ルターが勢いづいてきた1520年には600、さらに1523年には約1000にもなっています」といい、1517年から1520年までの間にルターの著作の総発行数は50万部に達したという説を紹介している（『わたしたちと宗教改革　第1巻　歴史』30頁）。

では領主のフリードリヒ3世がこれを禁じたが、人々は近隣の地方に出て行って贖宥状を購入した。ルターはフッガー家の代理人と組んで贖宥状を販売していた説教師テッツェルの話を伝聞してその弊害を憂い、「95箇条の提題」を作成したのである。伝説によれば、この提題はヴィッテンベルク城の城門に張り出されたと伝えられているが歴史的な確証はない。この文書は印刷され、わずか2週間ほどの間にドイツ各地に広まったといわれている。その結果、農民、商工業者、そして騎士や領主といったさまざまな階層の人々がルターの見解に賛同するようになった。

　アルブレヒトはルターに回答する代わりに、この問題を教皇のもとに訴えた。当初、ルター自身はカトリック教会や教皇を攻撃するつもりはなかった。しかし問題が教皇庁に持ち込まれたことによって、ルターが提起した神学的問いは教会政治の問題に転化し、さらに教会と国家、そして社会全体を巻き込む問題へ展開していくことになったのである。

　教皇はまずルターの属するアウグスチノ会に問題を委ねた。1518年4月、ルターはハイデルベルクで行われた修道会の管区会議に呼び出された（**ハイデルベルク討論**）。ところがこの会議では多くの修道士がルターを支持す

るという結果になった。そこで教皇はルターをローマに召喚しようとしたが、ここでザクセン公フリードリヒ３世が介入したために、同年10月、ルターはローマではなくアウクスブルクの帝国議会に呼ばれ、教皇特使として派遣されていた枢機卿カエターヌス（1469〜1534年）のもとで非公開の尋問を受けた。しかしルターが自説を曲げることはなかった。

　1519年６月から７月にかけて行われた**ライプチヒ討論**では、インゴルシュタット大学の神学者**ヨハン・エック**（1486〜1543年）との討論が行われた。この討論では贖宥そのものよりも、それを許可する権限を持つ教皇やカトリック教会の権威をめぐる問題が大きく取りあげられた。エックはルターの異端性を明らかにすることを意図して議論を進めた。ルターは教皇や公会議も誤る可能性があると発言し、ちょうど１世紀前にコンスタンツ公会議で異端として処刑されたフスの意見の中にも福音的なものがあったということを認めた。このように教皇と公会議の権威を否定し、異端を擁護するルターの見解は重大な嫌疑の対象とみなされることになった。ルターと教皇庁の関係は悪化し、教皇はルターが自説を撤回しない場合には破門するという期限つきの教勅を発した。ルターは期限の最終日にあたる12月10日、この教勅を集まっていた市民や学生の前で焼き捨てた。翌年１月３日、教皇はルターを破門した。

　この間、ルターは数々の文書を発表して、彼の見解を公にした。とりわけ1520年に出版された『ドイツのキリスト者貴族に与える書』、『教会のバビロニア捕囚』、『キリスト者の自由』は宗教改革の三大文書と呼ばれている。『**ドイツのキリスト者貴族に与える書**』はカトリック教会の腐敗を批判し、世俗の領邦君主たちが教会改革に立ちあがることを求めていた。この文書は中世を通じて論じられてきた教会と国家、宗教と政治の問題に関して、国家の権威と為政者の権力が神によって与えられたものであることを明示している。『**教会のバビロニア捕囚**』はカトリックの７つのサクラメント理解を批判するものであり、『**キリスト者の自由**』はルターの福音

の再発見から生まれたキリスト教徒のあるべき姿を描き出す書である。

　1521年４月、ヴォルムスの帝国議会に召喚され、あらためて自説の撤回を求められたルターは、皇帝**カール５世**（在位1519～1556年）の面前でこの要求を拒絶した。この時に行った答弁の最後に彼は次のように述べたと伝えられている。

　　「私は、すでに述べたように、聖書に信服し、私の良心は神のみ言にとらわれているのですから、私は〔自説を〕取り消すことはできないし、また取り消そうとも思いません。なぜなら、良心に背くことをするのは、まことに難しいことであり、無益であり、危険なことであるからです。神よ、助け給え。アーメン。」（『原典宗教改革史』89頁）

　この結果、ルターは異端宣告を受け、皇帝は勅令でルターを帝国からの追放処分に定めた。聖俗双方の領域においてルターは断罪されたのである。

　この時、ザクセン公フリードリヒ３世は秘密裏にルターの身柄をヴァルトブルク城に移し、９か月間にわたって匿った。この間にルターは新約聖書を一般の民衆が使うドイツ語に翻訳し、1522年に出版した（『９月聖書』）。旧約聖書を含む聖書全体のドイツ語訳が完成したのは1534年のことであるが、このドイツ語訳聖書はその後のドイツ語の形成や文学に大きな影響を及ぼしたといわれる。ヴァルトブルクに滞在した期間は、ルターにとって、礼拝刷新をはじめとするその後の宗教改革に関するさまざまな構想と著作を準備する時となった。

〔宗教改革の展開〕

　一方、ヴィッテンベルクではルターの不在中に彼の同僚であった**カールシュタット**（1480～1541年）や**ツヴィリンク**（1487？～1558年）などが中心となって、ドイツ語による礼拝の実践、司祭の結婚の容認、教会内の聖画

像の破棄、告解と断食の放棄など、急進的な改革が進められていた。とく
に**ツヴィカウの預言者**と呼ばれた人々が町に到来すると、大規模な聖画像
破壊運動が生じ大きな騒動となった。さらに市参事会もこうした事態を追
認しつつ、新しい教会規程を作成しようとした。

　こうした状況に対して皇帝は改革を阻止するようにザクセン公に要請し
たため、1522年6月、フリードリヒ3世はルターをヴィッテンベルクに帰
還させた。ルターは8日間にわたる説教を行って民衆を落ち着かせること
に成功した。ルターはカールシュタットたちのやり方が聖書ではなく主観
的な聖霊の働きかけに拠るものであり、熱狂主義に陥っていると非難した。
他方、急進派の人々はルターのやり方は保守的であるとして反発したが、
結局、カールシュタットはザクセンから追放されることとなった。

　ザクセンにおける改革は必ずしも順調に進展したわけではない。領主の
フリードリヒ3世はきわめて慎重な性格の政治家であって、最後まで改革
に対する賛否の姿勢を明らかにしなかった。またカトリックに好意を抱く
聖職者たちも領内には残っていた。ルターは注意深く慎重な姿勢で彼の改

コラム㊾　カールシュタットの再評価

　ルターとカールシュタットの葛藤について、藤本満はこの出来事が少なから
ずドイツ宗教改革の方向性を決定することになったと示唆している（『わたしたち
と宗教改革　第1巻　歴史』48頁以下参照）。藤本はカールシュタットの急進性や主観
主義的性格などを認めつつも、「彼が、ルターよりも意識して民衆とつながった
ことは否定できません」と述べ、彼が「下からの改革のエネルギー」を改革に
結びつけるキーパーソン的な位置にあったことを指摘する。これに対して、ル
ターは領主の意向を受けるかたちで急進派の騒乱を抑えることによって、改革
における「下からのエネルギー」を退ける結果を生んだというのである。ザク
センを追放された後、カールシュタットはバーゼルの大学で教授となったが、
洗礼の理解において再洗礼派（第15章参照）に影響を与えたといわれる。

革を進めていかなければならなかった。

　徳善義和は、こうしたルターの改革の「着実なステップ」は、「説教運動」から「文書運動」へ、そして「慣習改革の運動」へ展開していったと述べている（『マルティン・ルター　生涯と信仰』154頁以下参照）。まず「説教運動」とは、「95箇条の提題」以前からルターが行っていたドイツ語による民衆への説教を意味している。ルターは説教を通して聖書の福音が人々の心の中に浸透していくなら、そこでは自ずと信仰が深まり、改革は進展していくと考えた。しかし説教を聞く機会のない人々のために、同時にルターは「文書運動」を展開する。文書による神の言葉の伝達とは、聖書そのもののドイツ語訳を中心として、先述の宗教改革の三大文書、そして説教を文書化したもの、またその他の数多くの出版物による活動である。これらの活動を踏まえて、ルターは最後に「慣習改革の運動」に着手した。ここでいう慣習の中には教会の活動の中心である礼拝の形式と内容の刷新、教会の運営に関わる財政問題の改革、さらにキリスト教的な公的教育の組織化、物乞いなどの困窮者への対策など、社会生活全体の改革に及ぶ課題が含まれていた。たとえば礼拝に関する改革についていえば、ルターは「ドイツ・ミサと礼拝の順序」という新しい礼拝のモデルを提供し、それまでラテン語だった礼拝をドイツ語で行うことを提案した。聖書の朗読、祈り、説教において一般の会衆が理解できる礼拝をめざしたのである。また誰もが歌えるような聖書的なドイツ語の賛美歌（ドイツ・コラール）を作ることを推奨し、彼自身もいくつかの賛美歌を作詞した。このようにしてルターは会衆が福音に接し、また積極的に礼拝に参与できるようになる改革を試みたのである。

　さてしかし1523年から1525年にかけてルターは彼の理解者であり支持者であったふたつの重要なグループと袂を分かつことになった。

　そのひとつは人文主義者たちのグループである。ルターはエラスムスとの間に人間の自由意思をめぐる論争を行った。この論争は古くから議論さ

れてきた神学上のテーマのひとつであり、古代においてアウグスティヌスとペラギウスの間に交わされた論争がよく知られている（上巻・第4章参照）。**自由意思の問題**とは、端的にいえば、人間の救いにおいて人間自身の意思やそれに基づく善行が必要か否か、また可能か否かという問題であり、さらには神の被造物としての人間の本質、とりわけ倫理的本質に関わる問題を問うものであった。カトリック教会の腐敗に対して批判的だったエラスムスは、当初、ルターの改革に対して好意的であった。しかしその運動が激化していくにつれてやがて距離を取るようになり、1524年に『**自由意思論**』を著してルターの主張を批判した。ルターは翌年、『**奴隷意思論**』を書いて厳しく反論した。ルターによれば、被造物としての人間における自由意思はその後に生じた堕罪の出来事によって徹底的に疎外されてしまっており、人間の意思はまったく神の意志に逆らうものであって、救いはただ神の一方的な恵みによってのみ与えられると強調した。この論争を通じてルターの宗教改革はエラスムスのみならず多くの人文主義者たちからの支持を失うことになった。

　もうひとつルターの陣営から去って行ったグループはドイツの農民たちであった。当時の人口のほとんどは農民だったことを考えると、このことはきわめて重大な意味を持っている。そのきっかけとなったのが1524年に起こった**ドイツ農民戦争**である。ドイツ農民戦争は主として経済的困窮が原因で始まったが、宗教改革の運動と結びついてドイツの各地に急速に拡大した。農民が掲げた1525年の「**12箇条**」は、各村落における牧師の選任権と罷免権、農奴制の廃止、農民への正当な報酬の支払い、地代の据え置き、領主への相続税支払いの廃止などを要求していた。当初、農民の窮状に同情していたルターは領主と農民の和解を促すことに努めた。しかし**トマス・ミュンツァー**（1489〜1525年）などの指導によって、農民の運動が過激化していくのを目にしたルターは『**農民の殺人・強盗団に抗して**』（1525年）という冊子を著して農民を激しく非難し、反乱を鎮圧するために

領主たちに武力の行使を要請した。農民戦争は弾圧されて終息したが、農民の犠牲は10万人にのぼったといわれ、これ以降、農民たちは失望と怒りをもってルターのもとを去っていった。

　ルターの運動は1524年にヘッセン方伯（ほうはく）フィリップが改革に賛同するようになったのをはじめとして翌年にはプロイセンにも広がっていった。これに対してカトリック側の諸侯もまた連携するようになり、神聖ローマ帝国における両派の対立が激しくなっていった。しかしこの時期は帝国内では農民戦争が起こり、また東欧から中欧にかけて**オスマン帝国（オスマン・トルコ）**の脅威が高まっていたせいもあって、両派はこれらの問題に対処するために妥協を余儀なくされた。ことにトルコ皇帝**スレイマン1世**（在位1520〜1566年）がベオグラードを攻略し、ドナウ川を渡ってオーストリアに迫ったことによって、ハプスブルグ家はルター派を含むドイツ諸侯の援助を求めざるを得なくなった。このために1526年夏に開かれた第1回シュパイエル帝国議会では、宗教問題が政治的な取引材料として持ち出された。この議会では、先のヴォルムス勅令によるルターとその同調者に対する追放を一時的に棚上げし、次回の帝国議会までの間、各諸侯に対して自己の領地における宗教問題の判断を委ねることを決定した。これによってルター派の諸侯はそれぞれに領邦教会を形成する機会を与えられ、国内の宗教に関する機構制度を整えていった。またこの時期には帝国の南西部でスイスの改革者ツヴィングリの影響が広まりつつあった。

　こうした推移のもとで1529年に開催された第2回シュパイエル帝国議会ではカトリック側が巻き返しをはかり、ヴォルムス勅令の完全実施やカトリックに有利な宗教的状況の固定化を求めようとした。これに対してルター派の諸侯と14の帝国都市が「**抗議**」（プロテスタチオ）（protestatio）を行ったが、これが「プロテスタント」という呼称の由来となった。

　この時期、ヘッセン方伯はカトリックに対抗するためにルター派とツヴィングリ派の勢力の同盟を実現しようと試みた。1529年10月、ルターと

ツヴィングリを含む神学者たちがマールブルクに集まって会談したが、聖餐の神学的理解においてついに両者は合意にいたらず、この同盟は成立しなかった（**マールブルク会談**）。

　1530年、皇帝カール5世は宗教問題を解決するためにアウクスブルクで帝国議会を開催した。この議会において、ルターはメランヒトンと協議してルター派の見解をまとめた「**アウクスブルク信仰告白**」を作成して提示した。参加者の多数を占めたカトリック諸侯はこれを認めず、またツヴィングリの影響下にあったスイスなどの諸都市も独自の信仰告白を提示したために、結局、皇帝はヴォルムス勅令の再執行を決定した。危機感を抱いたプロテスタントの諸侯は、翌年、**シュマルカルデン同盟**を結成して、政

コラム㊿　「二王国説」〜ルターにおける教会と国家の問題

　ルターの特徴的な社会思想が「**二つの王国**」あるいは「**二つの統治**」に基づく理論である。この説によれば、世界は霊的領域と世俗的領域に区分され、前者は神の霊と言葉によってキリスト者が自由かつ自発的に導かれる領域であり、後者は神によって選ばれた君主や行政当局によって強制力（「剣と法」）を伴って統治される領域である。霊的領域においては信仰者はどのように生きるべきかを神の意志との一致において知るのであり、それ以外のものによって指示や拘束を受けることはない。他方、世俗的領域においては人々は世俗の支配者たちに従わなければならない。このような理論は教会と国家がそれぞれ別の領域で神に仕える存在であるという前提のもとで成立したものだったが、国家が専制的になった場合の問題が残されることになった。概してルター派の広まった国々では世俗の支配者が教会に対して優位に立つ傾向が強まっていった。この点に関してマクグラスは次のように記している。「しだいにルター主義の一般的特徴となった、国家による教会支配への道がこうして準備されたのである。1930年代ドイツの教会がヒトラーに抵抗することができなかった事実がルターの政治思想の欠陥を反映していると広く見られている。」（『宗教改革の思想』281頁）

治的軍事的にカトリック諸侯と対立する形勢を示した。しかしふたたびオスマン帝国の脅威が高まり、またフランスとの関係が悪化したことから、皇帝は一時的にプロテスタント側の主張を容認するという妥協をはからなければならなかった（**ニュールンベルク和約**）。この間にシュマルカルデン同盟は地歩を固め、プロテスタントの影響力が拡大していった。しかし1545年にトリエント公会議が始まるとカトリックとプロテスタントの溝はいっそう深まっていったために、皇帝も両派の再合同の望みを捨て、プロテスタントを抑圧する方向に転じていった。

ルターは1525年に元修道女**カタリーナ・フォン・ボラ**（1499〜1552年）と結婚し、三男三女をもうけたが、長女と次女は早世した。晩年のルターは健康を害し、今日のメニエール病にかかっていたともいわれ、また痛風と腎臓結石に悩まされていたようである。1546年、ルターはなお宗教改革の行方が定まらない緊迫した状況のつづく中で生まれ故郷のアイスレーベンで急逝した。62歳であった。

（3）ルター派教会の展開

〔宗教戦争の時代〕

ルターの死の前後、カトリックとプロテスタントの間にはめまぐるしい状況の変化が生じた。1541年以降、ヘッセン方伯フィリップが重婚事件を起こしてその影響力を失い、またシュマルカルデン同盟に参加していたザクセン公モーリッツがカトリック側に寝返ったために同盟の力は後退した。フランスやトルコとの関係を好転させた皇帝カール5世はこの機に**シュマルカルデン戦争**（1546〜1547年）を起こし、軍事的勝利のもとでプロテスタント側に譲歩を迫った。しかし皇帝の帝位継承をめぐる問題がドイツ国内で生じ、モーリッツがふたたびプロテスタント諸侯と結ぶなどしたため、1552年に皇帝は大敗を喫した。この結果、皇帝はドイツの国内問題から手

を引き、弟のフェルディナント1世（在位1556～1564年）に後事を託すこととなった。

1555年に開かれたアウクスブルク帝国議会において、**アウクスブルク宗教和議**が結ばれた。この決議によれば、帝国内におけるカトリックとルター派の存在を認めること、また**領主の宗教決定権**として領主はふたつの教派のうちいずれかを選択する権利を持ち、領民はそれに従わなければならないという原則（「領主の宗教がその領地の信仰」cuius regio, eius religio）が定められた。これによってドイツにおける**領邦教会制度**と呼ばれるものが出現することになった。しかしこの和議では、プロテスタントで認められた教派がルター派に限定されていた点、細部においてカトリックに有利な条項が置かれていた点（たとえばカトリックの諸侯がルター派に改宗した場合には所領と地位を失い、それに代わるカトリックの後継者が選ばれるという「教会留保

コラム(51)　北欧におけるルター派の拡大

デンマーク、ノルウェー、スウェーデンの北欧3国は1397年に**「カルマル同盟」**を結び、1人の王の下で統治される体制となった。この地における宗教改革は、1521年に国王クリスチャン2世（在位1513～1523年）がヴィッテンベルクから神学者を招いたことによって始まった。1523年にはスウェーデンが同盟から独立したが、宗教的にはカトリックと断絶し、ルター派を国教とすることを定めた。デンマークは1530年代に国王クリスチャン3世のもとでルター派による国教会制度を確立していった。クリスチャン3世（在位1534～1559年）はヴォルムス帝国議会に出席し、ルターの態度に共感を寄せていた人物である。王はヴィッテンベルクからヨハネス・ブーゲンハーゲンなどの改革者を招いて新たな教会規則を制定し、自らもブーゲンハーゲンの手によって戴冠するなど、熱心に宗教改革をリードした。ノルウェーがデンマークから独立したのは1814年のことであったが、やはりルター派を国教とした。

権」）など、いくつもの問題が残されていた。

　この後、ルター派は神聖ローマ帝国の各地に広まり、最盛期となった1570年頃には帝国人口の7割を占める領域にまで拡大した。またルター派はドイツを越えてデンマークやスウェーデンにも広まった。しかしその後、カトリックの本格的な巻き返しが始まり、また後述するルター派内部の抗争によって、その勢力は後退に転じていった。トリエント公会議によってさまざまな改革を遂げたカトリック教会は、南部ドイツのバイエルンなどをはじめ各地の領主に働きかけて失地を回復するとともにプロテスタントを弾圧した。1608年、ルター派と改革派を含むプロテスタント側の諸侯が同盟「**ウニオン**」を結成すると、翌年にはカトリック側も連盟「**リーガ**」を結成してこれに対抗した。

　1618年、ドイツにおける最大かつ最後の宗教戦争である**三十年戦争**（1618〜1648年）が勃発した。この戦争の直接の原因は、バイエルン公などカトリック側の諸侯が、フス以来の長い宗教的問題を抱えていたボヘミア及び改革派系のプロテスタントであるプファルツに侵攻し、プロテスタント勢力を追放したことにあった。プロテスタント側の諸侯には、イングランド、オランダ、デンマーク、後にはスウェーデンが加勢し、さらにハプスブルク家の支配のもとにあったスペインに対抗するためフランスもプロテスタント側を支援した。こうしてこの戦争は国際的な紛争の様相を帯び、いくつもの局面を持った長期に及ぶ戦いが繰り広げられた。その結果、この戦争はやがて宗教的というよりも、各国や各領邦の政治的思惑による混沌とした状況を呈する争いへと変わっていった。戦場となったドイツでは当時の人口の3分の1に当たる600万人から700万人が犠牲になったといわれ、凄惨な結果を生むことになった。

　こうした中でドイツの諸侯にフランスやスペインが加わって戦争の終結に向けた交渉が始まり、1648年に**ウェストファリア条約**が結ばれることとなった。最初の国際条約ともいわれるこの取り決めによって、政治的には

オランダとスイスの独立が承認され、スウェーデンとフランスは領土を拡大し、また神聖ローマ帝国内の300余りの各領邦の自治権が大幅に拡大された。この結果、皇帝の力はほとんど有名無実となり、ドイツにおける領邦国家体制がさらに強化されることになった。また宗教的にはアウクスブルク宗教和議における領主の宗教決定権を再確認したが、この条約ではカトリックやルター派に加えて新たにプロテスタントの改革派も選択肢に加えられることとなった。

〔ルターの後継者たちと「ルター派正統主義」〕

　ルターの死後、1540年代末から1570年代にかけて後継者たちの間で神学的問題をめぐる論争が起こった。それはいわゆる**純正ルター派**と人文主義の影響を受けたメランヒトンらの**フィリップ派**（メランヒトン派）の神学的な争いであった。

　フィリップ・メランヒトン（1497〜1560年）はルターの盟友として宗教改革をリードした人物である。ルターが人文主義の影響をほとんど受けていなかったのに対して、メランヒトンは高名な人文主義者であり大叔父でもあったロイヒリンの薫陶を受けて、少年期からギリシア古典に触れ、チュービンゲン大学やハイデルベルク大学で学んだ。そして若くしてヴィッテンベルク大学の教授となり、ルターの影響によって神学や聖書の研究に携わるようになった。彼は「アウクスブルク信仰告白」の作成者として、またプロテスタント最初の教義学の書とされる『**ロキ・コンムネス（神学総覧）**』（1521年）の著者として、ルター派の代表的な神学者とみなされていた。しかし後になるとルターが否定していた救いにおける自由意思の働きをある程度認めたり、カルヴァンの聖餐論に近づくなど、独自の立場をとるようになっていった。

　1548年、皇帝カール5世がカトリックとルター派の調停のために「仮信条協定」を導入しようとした際、メランヒトンはその中に含まれてい

た聖人への崇敬などカトリック的な一部の慣習を容認する姿勢をとった。メランヒトンによれば、そうしたものはルター派の信仰にとって「非基本的事項」（アディアフォラ）にすぎず、認めても認めなくてもどちらでもよいと判断したのである。これに対して純正ルター派と呼ばれたイリリクス（1520～1575年）やアムスドルフ（1483～1565年）たちはメランヒトンの妥協的態度を攻撃し論争を繰り広げた。ルターの遺したものを現実に適応させようとするメランヒトンのやり方は、多くの人々からルターへの裏切りとみなされたのである。両派の争いはドイツにおけるルター派が苦境に追いやられていた状況のもとで激しさを増しまた長期化した。

　この問題に決着をつけたのが、1577年の「和協信条」であった。これはルター派内部の一致を望んだザクセン公アウグストの指示によって、アンドレーエ（1528～1590年）などの神学者たちによって作成されたものである。この信条はフィリップ主義を退けたが、純正ルター派のような厳格主義をとることもなく、神論、原罪、信仰義認論、律法と福音、自由意思などに関するルター派の見解を提示したものであった。

　1580年には、ルター派の信仰の集大成として、『和協信条書』（一致信条書）が公表されたが、その中には、3つの古典信条（「使徒信条」「ニカイア信条」「アタナシオス信条」）、「アウクスブルク信仰告白」とその弁証論、ルターの「大教理問答」と「小教理問答」、「シュマルカルデン条項」、そして「和協信条」が含まれていた。

　この信条書はルター派の正統的信仰の基準として受け入れられ、いわゆるルター派正統主義の時代の始まりを告げるものとなった。こうした正統主義のあり方については、後に、聖書に基づくルターのダイナミックな精神と運動を、特定の教義を真理として受け入れることを信仰とみなす主知主義的な方向へ転じさせたとして「死せる正統主義」という非難が向けられることも起こった。こうしたルター派の場合だけでなく、キリスト教の歴史において、また一般の歴史においても、ダイナミックで創造的な時代

の次に、その成果を体系化し正統化する時代がつづくという展開はしばし
ば繰り返されてきた現実であったが、その結果が往々にして教条化や形式
化を生み、最悪の場合には形骸化に陥ることがあったのもまた事実であっ
た。このようなルター派の正統主義に対する批判的運動としてやがて登場
してきたものが17世紀のドイツ敬虔主義だったのである（第21章参照）。

〔**第14章の主な参考文献**〕

K・G・アッポルド『宗教改革小史』（教文館、2012年）

石田順朗『牧会者ルター』（日本キリスト教団出版局、2007年）

G・R・エルトン『宗教改革の時代』（みすず書房、1973年）

金子晴勇『教育改革者ルター』（教文館、2006年）

H・J・ゲルツ『トーマス・ミュンツァー』（教文館、1995年）

小泉徹『宗教改革とその時代』（山川出版、1996年）

小田部進一『ルターから今を考える』（日本キリスト教団出版局、2016年）

G・S・サンシャイン『はじめての宗教改革』（教文館、2015年）

徳善義和『マルチン・ルター　原典による信仰と思想』（リトン、2004年）

徳善義和『マルチン・ルター　生涯と信仰』（教文館、2007年）

徳善義和『マルティン・ルター〜ことばに生きた改革者』（岩波新書、2012年）

徳善義和『ルターと賛美歌』（日本キリスト教団出版局、2017年）

L・フェーヴル『マルティン・ルター』（キリスト新聞社、2001年）

藤本満『シリーズ　わたしたちと宗教改革　第1巻　歴史』

（日本キリスト教団出版局、2017年）

E・ブロッホ『トーマス・ミュンツァー』（国文社、1982年）

R・H・ベイントン『我ここに立つ〜マルティン・ルターの生涯』（聖文舎、1954年）

R・H・ベイントン『宗教改革史』（新教出版社、1966年）

R・H・ベイントン『エラスムス』（日本基督教団出版局、1971年）

M・ベンジング、S・ホイヤー『ドイツ農民戦争』（未来社、1969年）

S・ポールソン『はじめてのルター』（教文館、2008年）

A・E・マクグラス『宗教改革の思想』（教文館、2000年）

M・ルター『卓上語録』（教文館、2003年）

『宗教改革著作集』（第2～4巻、教文館）

『ルター著作集』全36巻（聖文舎、ルーテル学院大学ルター研究所〔刊行中〕）

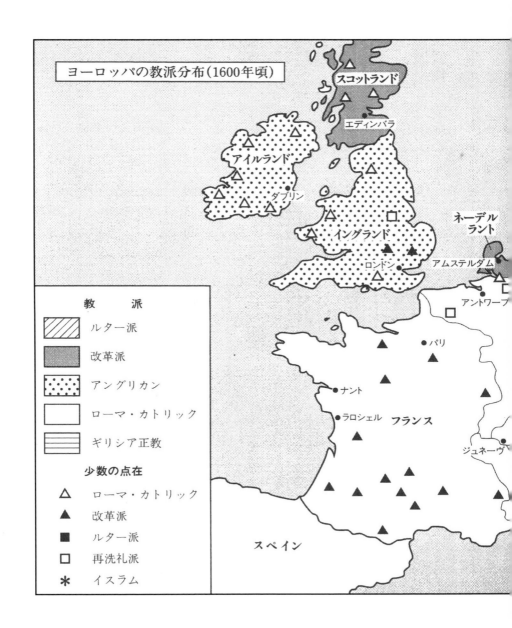

ヨーロッパの教派分布（1600年頃）

スコットランド
エディンバラ
アイルランド
ダブリン
イングランド
ロンドン
ネーデルラント
アムステルダム
アントワープ
パリ
ナント
ラロシェル　フランス
ジュネーヴ
スペイン

教　派

（斜線）	ルター派
（灰色）	改革派
（点）	アングリカン
（白）	ローマ・カトリック
（横線）	ギリシア正教

少数の点在

△　ローマ・カトリック
▲　改革派
■　ルター派
□　再洗礼派
＊　イスラム

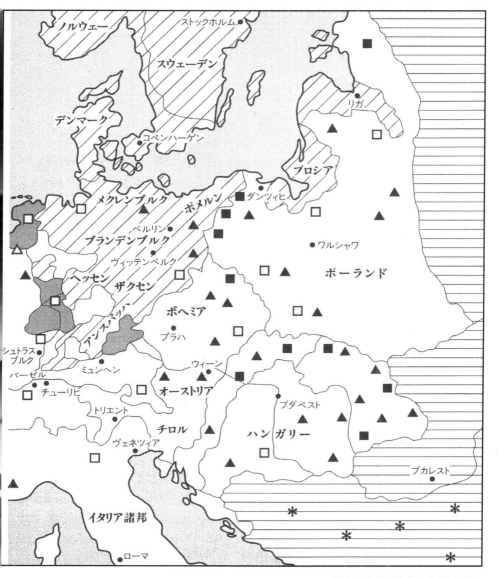

ノルウェー
スウェーデン
ストックホルム
デンマーク
コペンハーゲン
リガ
プロシア
メクレンブルク
ポメルン
ダンツィヒ
ブランデンブルク
ベルリン
ヴィッテンベルク
ワルシャワ
ヘッセン
ザクセン
ポーランド
ボヘミア
プラハ
シュトラス
ブルク
バーゼル
ミュンヘン
チューリヒ
ウィーン
トリエント
オーストリア
ブダペスト
ヴェネツィア
チロル
ハンガリー
ブカレスト
イタリア諸邦
ローマ

（『宗教改革著作集 15』 教文館）

第15章　スイスの宗教改革

　ドイツとほぼ同時期に始まったスイスにおける宗教改革について、ツヴィング
リとカルヴァンを中心に概説する。この地におけるプロテスタントの流れは
改革派（または長老派）と呼ばれるようになり、ヨーロッパ各地に伝わり、後
には北米や世界各地に拡大していった。またツヴィングリの弟子たちの間から
生まれた再洗礼派についても言及する。

（1）スイスの宗教改革の背景と特徴

〔スイス同盟の歴史〕

　スイス同盟（連邦）の歴史は、1291年にシュヴィーツ、ウリ、ウンター
ヴァルデの３州がオーストリアのハプスブルク家に対する相互防衛条約を
結んだことに始まる。この同盟が14世紀にハプスブルク家の軍隊に勝利を
おさめた結果、ルツェルン、チューリヒ、ベルン、バーゼルなどの有力都
市が、またアペンツェル、グラールスなどの農村部が、個別的な協定に
よってこの同盟に加わり、中世末には13州から成る君主を持たない連邦体
制が生まれた。スイスの独立は神聖ローマ帝国皇帝によって実質的には15
世紀末に容認されていたが、最終的に1648年のウェストファリア条約にお
いて公認されるにいたった。

　同盟内の諸州は市民共同体の政治的な力が強く、都市の多くは有力な市
民から選ばれた代表によって構成される**市参事会**を有していた。市参事会
は世俗的な行政や立法などに関わるだけでなく、宗教的な課題にも積極的
に関与していった。すなわち市参事会は教会や修道院の権力や所有を制限
し、教会の人事権・徴税権・裁判権などを市政のコントロールのもとに置
くことを試み、さらに聖職者の倫理や下級祭司の貧困などの問題にも対処

しようとした。

　スイスにおける宗教改革は、ツヴィングリとチューリヒあるいはカルヴァンとジュネーブがそうであったように、こうした都市のニーズに改革者たちが協働するかたちで進められていった。一般にこの地の宗教改革は、改革者たちの活動や提案が先行し、市当局がそれらを取りあげて審議・決定し、都市住民全体を巻き込んで推進されるというかたちをとった。ただしいうまでもなく市参事会は改革者たちの主張を何でも受け入れたわけではなく、先述したような宗教政策の一環として改革者たちを活用したのであり、両者の間にはつねに一定の葛藤と緊張関係が存在していた。ツヴィングリやカルヴァンたちがそれぞれの都市において重要な位置を占め、市政全体に大きな影響を及ぼしたことは事実である。しかし改革者自身は政治家ではなく、あくまでも間接的なかたちで都市の改革に関わったにすぎず、実際には彼らの思い通りにならないこともしばしば起こったのである。なお言語圏という点から見ると、スイスの宗教改革はまず最初にドイツ語圏のチューリヒやベルンで始まり、やがてフランス語圏であるジュネーブなどへ波及していくことになった。

〔**スイスの宗教改革の特徴**〕

　スイスで始まったプロテスタントの流れは**改革派**または**長老派**と呼ばれるようになっていった。この地においても（第14章で触れた）宗教改革の三大原理は共有されていたが、概していえば改革派はルター派よりもこうした原理をより積極的もしくはより厳密な方向で理解し、また実践していったといえよう。たとえば、「聖書主義」（聖書のみ）に関して、ルター派の場合、「聖書が明らかに禁じていないことは認めてもよい」という比較的緩やかな立場をとったのに対し、改革派では「聖書が明らかに命じていることのみを認める」という傾向があった。したがって同じ聖書主義に立ちながらも、教会の聖画像などに関してルター派の教会ではそのまま残すこ

とを容認したのに対し、改革派では撤去・破壊するということが行われたのである。

　この他にもドイツとスイスの宗教改革を比較してみると、後者の場合、複数の都市における改革として始まったこと、人文主義との関わりが深かったこと、国際的な性格が強かったこと、また地上における「神の国」の実現に積極的な関心を寄せたことなどを、その特徴として挙げることができる。

　第1に挙げた複数の都市における改革という点についていうと、ルター派が領邦国家という条件のもとで領主の意向や政策に深く結びついていたのに対して、改革派は長い自治の伝統を持つ都市において、先述した市参事会などとの協働を通して、また市民の支持を背景として、その企画を推進していった。その意味で改革派はより民主的な基盤に立って改革を行ったといえるだろう。またスイス同盟の各州はそれぞれ独自の宗教政策をとっていたために、同じ改革派といっても、チューリヒであれジュネーブであれ、それぞれの州が自立して改革を進め、また互いに連携し刺激を与え合うという関係に立っていた。

　第2に人文主義（フマニスムス）との関わりについていえば、ルター派の場合、メランヒトンなどを除いて人文主義との関わりが少なかったのに対し、改革派はツヴィングリ、ブリンガー、カルヴァンなど大半の指導者が人文主義からの強い影響を受けていた。地理的にスイスはイタリアに近く、大学を拠点に人文主義の影響が早くから及んでいた。ある意味で、ルターは彼自身の内面的苦悩という実存的な体験から神の無償の恵みと信仰義認を見出したのに対して、改革派の人々は人文主義的な立場からの聖書の読解を通して理性的に福音の再発見を行っていったといえるかもしれない。

　　「彼ら〔改革派の指導者たち〕にあっては、人文主義者の特性である明晰な論理性と広く豊かな視野や社会感覚が、エラスムスのような高踏的傍

　観者の姿勢をとらないで、宗教的激情と結んでいた。このため、彼らの改革思想は社会的実践へと突き進められ、知識と信仰と実践が見事に結ばれて一体となったのである。」（半田元夫・今野國男『キリスト教史2』92頁）

　第3の特徴として、ルター派の影響が北欧を除けばほぼ神聖ローマ帝国の領域内に留まったのに対して、改革派は国際的な運動として展開し、スイスからドイツ、フランス、オランダ、スコットランド、イングランドなどへ広く拡大していったことが挙げられる。とりわけカルヴァンはジュネーブで宗教改革の指導者たちを教育・養成し、それらの人々を通して各地に改革を伝えることを積極的に行った。
　第4の特徴として、教会と国家の関係において改革派は現実社会を変革することに熱心であった。ルターの場合、「二王国説」に見られるように世俗社会に対しては悲観的な傾向を持っており、地上における神の国の建設という理念は希薄だったように思われる。他方、改革派は概して現実社会に強い関心を向け、人々の日常生活にまで積極的に介入しようとする傾向があった。とりわけカルヴァンとその影響を受けた人々はこの世に「神の栄光」を顕すことに熱意を持って取り組もうとする性格が強く、後のピューリタンたちの中には一種の神政政治を通してその理想を実現しようとする人々も出現した（第19章参照）。

（2）ツヴィングリとチューリヒの改革

〔ツヴィングリの生涯〕
　スイスの宗教改革は**ウルリヒ・ツヴィングリ**（1484〜1531年）によって始められた。ツヴィングリはザンクト・ガレン州トッゲンブルクの農家に生まれ少年期から恵まれた教育環境のもとで育ち、後にウィーン大学やバーゼル大学において人文主義の強い影響を受けた。とくにバーゼルでは

ツヴィングリが恩師と呼んだヴィッテンバッハ（1472〜1526年）の聖書講義から、その後の改革者としての働きに通じる多くのことを学んだという。ツヴィングリは1506年に司祭となり、グラールスの教会区で、次いでアインジーデルンのベネディクト会の修道院で働いた。ベイントンによれば、この時期のツヴィングリはカトリックの聖職者でありながら、人文主義的な素養から教会の現実に問題を感じるという「分裂した魂の持ち主」であったという。ツヴィングリは司祭館の１階を司祭としての仕事に、２階を学問の探究に分けて用い、「地理学・幾何学・哲学・宗教・言語学、さらにむろんのこと多くの古典作品と広い範囲にわたる三百五十冊の蔵書を有していた」（『宗教改革史』93頁）という。ツヴィングリはとりわけエラスムスから大きな影響を受け、1516年に出版されたエラスムス校訂のギリシア語聖書はツヴィングリを大いに喜ばせるものとなった。

　グラールスで働いていた頃にフランスとイタリアの間に起こった戦争に際し、ツヴィングリは教皇側に雇われたスイス傭兵のための従軍司祭として戦地におもむいた。当時のスイスは優れた傭兵の供給地として知られており、教皇庁をはじめ各国が競い合って兵を求めたが、それは産業に恵まれないスイスにとって有力な収入源となっていたのである。ツヴィングリはスイス傭兵が多くの戦死者を出したマリニャーノの戦い（1515年）を経験した。この戦いでは彼の教会区出身の1600名の傭兵の４分の１が死んだ。ツヴィングリの特色として彼のスイス愛国主義を挙げる研究者がいるが、外国の戦争のために犠牲となるスイス人傭兵の姿がこうした彼の姿勢に影響を及ぼしたことは間違いないだろう。ツヴィングリは傭兵制度に対して断固として反対するようになった。

　1516年までにツヴィングリは宗教改革の必要を強く意識するようになった。こうした変化について、ツヴィングリ自身はルターからの影響は最小限度のものにすぎなかったと語っている。ツヴィングリは『67箇条の提題の講解と論証』の中で、「私たちの地方の人が誰もルターの名を聞くはる

か以前の1516年に、私はキリストの福音を説教し始めました。（中略）いずれにせよ、ルターは私に何も教示しませんでした」（『原典宗教改革史』244〜245頁）と述べている。

〔チューリヒの宗教改革の発端〕

　1519年、ツヴィングリはチューリヒの司教座聖堂であるグロス・ミュンスター教会の司祭として招聘された。ツヴィングリが着任してまもなく、チューリヒでも贖宥状の販売が始まった。ツヴィングリはこれに公然と反対し、市当局に働きかけて、販売人であったフランシスコ会修道士サムソンを市外に追放させた。

　ツヴィングリはその年の最初の礼拝から聖書に基づく連続講解説教を開始した。彼は新約聖書の中からまずマタイ福音書を取りあげ、その内容を最初から順次解き明かしながら、カトリックの教えや習慣に対する批判を展開した。ツヴィングリは長い間の慣習となっていた聖画像の崇敬やレント期間中の断食（肉食の禁止）、また聖職者の独身といったことがらは、いずれも聖書的な根拠を有しないとしてこれらのものを否定した。こうしたツヴィングリの主張に呼応した人々によって、ソーセージ事件、聖画像の破壊、司祭の結婚などが始まったために、市民生活は改革側とカトリック側に分かれて混乱し、チューリヒの教会を管轄していたコンスタンツの司教と市当局の間にも軋轢が生じた。

　ソーセージ事件というのは、レント（「受難節」「大斎」／キリストの復活を祝うイースターの前の46日間）の開始にあたる「灰の水曜日」に、印刷業者フローシャワーの家にツヴィングリを含む司祭や市民が集まり、ツヴィングリを除く全員がソーセージを食したという事件であった。ベイントンによれば、「スイス諸都市における宗教改革は（中略）レント期間中に肉を食することから始まるのがまれでなかった」（『宗教改革史』95頁）という。

　ツヴィングリはこの事件に関わった人々を公に弁護する立場をとった。

コンスタンツの司教はツヴィングリの身柄の引き渡しを市に要求したが、ツヴィングリはチューリヒ市参事会に公開討論の開催を要請した。これを受けて市参事会は宗教問題に関する公開討論会を開くことを決め、その中で聖画像・聖遺物・食物規定・聖職者の婚姻・十分の一税（教会税）・礼拝（ミサ）の問題などを取りあげることを明らかにした。

　公開討論会は第１回が1523年１月に開催され、第２回は10月に行われた。この討論には約5000人の市の住民のうちから600人が参加したといわれる。ツヴィングリはこの討論のために「67箇条」の提題を提示し、議場ではラテン語・ギリシア語・ヘブル語の聖書を並べ、いかなる議論も聖書に基づいてなされるべきことを要求した。これらの公開討論の結果、ツヴィングリの見解が公に認められ、市当局の政策として宗教改革が推進されることとなったのである。

　森田安一によれば、「この改革導入方式は都市の政治の仕組を利用し、かつ公開の討論を通じて都市内世論を形成させて、改革に反対しづらい雰囲気をつくりあげた」（松本宣郎編『キリスト教の歴史１』248頁）といい、公開討論形式による宗教改革の推進という方法は他のスイス諸都市や西南ドイツの諸都市でも用いられるようになっていった。もっともこうした公開討論の背後にあらかじめ市当局の意向が色濃く反映されていたことはいうまでもない。後には同じ公開討論によって、市当局にとって望ましくないとされた再洗礼派のグループが排除されることとなったのである。

　市参事会は改革を行政化し、1524年６月には教会から聖画像・聖遺物・ステンドグラス、またオルガンなどの楽器が撤去された。修道院は廃止され、その一部は病院に変わった。翌年には結婚裁判所が設けられ、従来は教会法のもとにあったサクラメントとしての結婚や結婚後の問題に関わる裁判権が市当局に移されることになった。礼拝も改革されてドイツ語で行われるようになり、ツヴィングリが考案したプロテスタント的な簡素な聖餐が実施されるようになった。

　市当局が決定した宗教政策の中には市民を強制的に礼拝に参加させることも盛り込まれていた。ここで注意すべきことは、このような決定の背景に、チューリヒの全住民を神の選民と等置しようとしたツヴィングリの主張が横たわっていたことである。教会と国家の関係について、ツヴィングリは少なくとも初期においては、両者の間に一定の自律性と区別を前提とする立場に立っていたといわれる。しかし改革の進展に伴って、およそ1525年を境にして、教会と国家を融合させる方向性が強まっていった。それはチューリヒにおける国教会の形成をめざすものであり、（ルターの場合以上に）政教一致や神政政治に向かう動きとなって現れた。

　こうした変化を生じせしめた原因のひとつは、当時のチューリヒが後で触れる再洗礼派を含めて内外の問題を抱えた緊張状態にあり、これに対処するために挙国一致の体制を必要としたことが考えられる。しかし出村彰によれば、より重要なのは、ツヴィングリ自身の思想の中に、もともと教会も国家も共通の理想として真のキリスト教社会の建設をめざすべきであり、「教会と国家の差違を取るに足りないもの」（『ツヴィングリ』326頁）と断じるような見解が含まれていたことにあったという。また改革が進めば進むほどツヴィングリが聖俗双方の領域において隠然たる発言権と大きな影響力を持つようになっていったこと、また先述した彼の愛国主義者としての一面も、このような変化をもたらした理由であったと思われる。

　ともあれこのようにチューリヒの住民を神の選民とみなし、政治的共同体と宗教的共同体の一体化を形成するうえでのカギとなったものが、キリスト教の入信儀礼としての洗礼であった。ツヴィングリの理解によれば、生まれてすぐ行われる幼児洗礼は神との契約にあずかるしるしであり、すでにそうした契約によって成り立っているチューリヒという聖なる共同体の一員として受け入れられるために必要不可欠なものであった。ツヴィングリによれば、キリスト教の洗礼は旧約聖書においてイスラエルが神の契約にあずかるしるしとして行った割礼に比すべき出来事とみなされていた。

〔チューリヒの宗教改革の展開〕

　さてチューリヒにおける宗教改革はスイス同盟全体の結束を揺るがしか
ねない出来事でもあった。ルツェルンにおいて開催された連邦議会は、カ
トリック側からの公開討論の要請を受けて1526年5月にバーデンで討論
会を開くことを決定した。この討論の参加者はチューリヒの改革に批判的
態度をとる人々が多数を占めており、ルターとも論争したヨハン・エック
が87名のカトリック側の神学者を代表してツヴィングリとプロテスタン
トを攻撃する先陣に立った。ツヴィングリは安全上の配慮からチューリヒ
市当局によって参加を禁じられたため、プロテスタント側からはバーゼル
の改革者**エコランパディウス**（1482～1531年）などが参加した。結果的に
この討論ではカトリック側が勝利をおさめ、ツヴィングリとその同調者た
ちを断罪し追放する決定が下された。

　研究者の中にはこのバーデンの公開討論会をルターの場合のヴォルムス
帝国議会になぞらえるものもある。いずれの場合も世俗の議会が宗教問題
を議題として取りあげ、多数に頼ってプロテスタント側を断罪した点、し
かしまた改革がすでに進んでいたチューリヒなどではそうした決定が何の
効果も上げなかったという点で、たしかに両者は相似しているといえよう。
さらにまたこうした出来事が結果的にプロテスタント側の存立と拡大の契
機になったという点でも両者は共通性を有している。

　スイスの各州にはこの討論会以前からすでに宗教改革の動きが波及しつ
つあった。公開討論会の結果はむしろそれまで態度を保留してきた諸州が
改革派に転じるきっかけとなり、1527年にザンクト・ガレンと南ドイツの
帝国都市コンスタンツが、1528年に有力都市であるベルンが公開討論会
を経て、それぞれプロテスタント側に加わった。その後、バーゼルやシャ
フハウゼンもプロテスタント側に加わったが、ウリ、シュヴィーツ、ウン
ターヴァルデンなどの諸州はカトリック信仰に留まった。両者はそれぞれ

に結束して対立したため、スイス同盟の中に緊張に満ちた不安定な状態が生じることになった。

　こうしたカトリック州とプロテスタント州の対立は何度かの小競り合いを経て戦争状態にまで及びかけたが（第1カペル戦争）、1529年のカペル和議によってとりあえず最初の危機は回避された。しかしそれはあくまでも一時的な小康状態にすぎず、カトリック州は伝統的にスイスの敵であったハプスブルク家と結びつくことになった。この時にあたってスイスとドイツのプロテスタント勢力の大同団結をめざして行われたのがマールブルク会談であったが、すでに触れたように、結局、この会議は物別れに終わり、両派の協力は成らなかった。

　1531年10月、カトリック側の諸州のチューリヒへの奇襲で始まった**第2**

コラム㉒　ツヴィングリとルターの聖餐論争

　マールブルク会談はルターとツヴィングリの神学的一致をめざして行われたもので、15の項目について議論が交わされた。そのうち唯一合意に達しなかったのが聖餐の理解をめぐる項目であった。カトリックは中世以来、聖餐で用いられるパンとブドウ酒の「実体」がキリストの体と血に変化することを主張していた（**実体変化説、化体説**）。ルターはパンとブドウ酒そのものの変化を否定したが、キリストは聖餐におけるパンとブドウ酒とともに現臨すると主張した（**共在説**）。ツヴィングリはこれらの説をいずれも否定し、聖餐は過去の出来事を記念する行為であってパンとブドウ酒はあくまでも象徴にすぎないと主張した（**象徴説**）。人文主義の影響を受けたツヴィングリにとって物質的感覚的なものが神的霊的なものを媒介することはありえず、聖餐は過去に起こったキリストの出来事を想起するための手段として理解されたのである。なお後に登場したカルヴァンの場合、その聖餐論はある意味でルターとツヴィングリを調停・総合したものであったといえるだろう。カルヴァンによれば、聖餐は神の愛のしるしであり、神の言葉を受け入れ、信仰をもってパンとブドウ酒にあずかる時、霊的なかたちでキリストが現臨すると主張した。

カペル戦争において、プロテスタント側の軍隊は大敗を喫した。この戦いに従軍司祭としてでなく戦士として参加していたツヴィングリもこの時に戦死した。彼は反逆者・異端とみなされ、死体は四つ裂きにされて遺骨は投げ捨てられた。

　しかしこの戦いの後に結ばれた平和条約ではスイス同盟の結束と維持が優先され、各州における宗教的決定権を尊重することが認められた。その結果、すでにプロテスタントとなっている諸州の状況が追認されたが、他方、これ以上のプロテスタントの拡大は許さないことが取り決められた。こうしてスイス同盟の中にはカトリックとプロテスタントの州が共存することとなったが、それは後に実現したアウクスブルク宗教和議を先取りするものとなった。

　チューリヒにおけるツヴィングリの後継者となったのは**ハインリヒ・ブリンガー**（1504〜1575年）である。彼はその後およそ40年間にわたってチューリヒの改革を指導する一方、カルヴァンなどとも交流し、スイスのドイツ語圏とフランス語圏のプロテスタント勢力の相互理解と一致のために尽力した。またブリンガーは後の改革派の諸教会に大きな影響を及ぼすことになった『**第１スイス信条**』（1536年）や『**第２スイス信条**』（1566年）を起草した人物でもあった。

（3）再洗礼派の出現と活動

〔再洗礼派とその思想〕

　チューリヒでツヴィングリの影響を受けた人々の中からは後に**再洗礼派**（アナバプテスト）と呼ばれるようになったグループが出現した。ツヴィングリやルターたちがカトリックから分かれ出た第１世代のプロテスタントだったとすれば、再洗礼派はさらにそこから分岐した第２世代のプロテスタントである。

　再洗礼派はツヴィングリが教えた聖書主義をさらに徹底して追求した人々であり、最初期の時代の教会に倣って自覚的な信仰者から成る有志的な教会（**自由教会**）を形成しようとした人々であった。彼らはツヴィングリが市当局と協働して国家と教会を一体化する方向に進んでいくことを聖書に基づいて批判した。「聖書のどこに、教会が国家の保護を受け、その援助のもとに福音を宣べ伝えた、とあるだろうか。むしろ、聖書の教会はこの世から選び分かたれ、この世といかなるかかわりを持つことをも決然と拒絶した少数派の群れ、それゆえにこの世からは憎まれ、蔑まれ、退けられ、迫害される殉教者の教会ではないだろうか。彼らにとって、この世が『キリスト教化』される可能性は端的に無であった。」（出村彰『ツヴィングリ』188〜189頁）

　すでに述べたように、国家と教会の一体化を容認するツヴィングリにとってそのカギとなったのはチューリヒという地域共同体の中に生まれてくる子どもたちを神の選民である信仰共同体の一員として受け入れる行為としての洗礼（幼児洗礼）であった。しかし再洗礼派の人々は教会は国家とは別個の有志的な共同体であり、洗礼は個々人の信仰を前提として行われるべきであるとして、ツヴィングリの主張を否定した。後にメノー・シモンズが記したという次の言葉は再洗礼派の人々の思いを的確に代弁しているといえるだろう。

　　「私たちは洗礼を受けたことによって新たに生まれ変わるわけではない。（中略）そうではなくて、信仰と神の言葉によって新たに生まれ変わったがゆえに私たちは洗礼を受けるのである（第1ペトロ1：23）。新生は洗礼の結果ではない。洗礼が新生の結果なのである。事実、このことは誰であれ否定できないし、聖書の中から反証をあげることもできない。」（W・ウィリモン『言葉と水とワインとパン―キリスト教礼拝史入門』128頁より引用）

　こうした急進派の人々は自らを「洗礼者」と称したが、彼らを批判する人々は嘲笑と侮蔑を込めて「再洗礼派」と呼んだ。すなわちこれらの人々は幼児洗礼を受けていたにもかかわらず、仲間同士で新たに2度目の洗礼を行ったからである。しかし批判された人々からすれば、真の洗礼は自覚的な信仰と決断によって行われる洗礼だけであって、幼児洗礼は何の意味もない水風呂のようなものにすぎなかったのである。

　再洗礼派の主張は、ツヴィングリたちのめざすチューリヒの宗教改革とは相容れないものであった。それどころか教会と国家を完全に分離するという再洗礼派の思想は古代のコンスタンティヌス皇帝以来の「キリスト教世界」（コルプス・クリスティアヌム）という理念を根底から覆すものであったから、カトリックからもプロテスタントからも反社会的な危険思想とみなされた。その結果、再洗礼派はどこにおいても異端視され、多くの信徒が迫害や弾圧の対象となり、殉教の死を遂げることになったのである。

　再洗礼派が求めた徹底した聖書主義の中には、イエスの教えである「山上の説教」（マタイ6章以下）に従って暴力を否定し、武器を持たず、絶対平和主義を実践することも含まれていた。しかし自衛の権利さえ否定するこうした主張は、世俗の争いばかりでなく宗教戦争の頻発する時代にあって、またトルコからの脅威にさらされていた時代にあって、むしろ反社会的な主張として非難されることになったのである。

〔スイス兄弟団と再洗礼派の展開〕

　チューリヒに生まれた最初の再洗礼派（**スイス兄弟団**）の指導者となったのは、コンラート・グレーベル（1498？〜1526年）とフェリックス・マンツ（1500？〜1527年）であった。

　グレーベルはチューリヒの旧家出身で、市参事会員でもあったヤーコプ・グレーベルの子として生まれた。バーゼル、ウィーン、パリで学び、人文主義の影響を受けたが、彼の放埒な学生生活に怒った父親が送金を

断ったために1520年に帰郷した。その後、グレーベルはツヴィングリを知り、1522年以降その熱心な信奉者となった。しかし宗教改革の進展に伴い、その不徹底な現実に不満を持つようになっていった。

　フェリックス・マンツはチューリヒの下級聖職者の子（私生児）として生まれたが、パリ大学で人文主義を学び、優れたヘブライ語の知識を身につけて帰郷した。ツヴィングリの宗教改革の熱心な支持者であったが、彼も1523年頃から批判的な立場に転じ、信仰洗礼を前提とする教会の形成をめざしたために市当局と激しく対立することになった。

　市当局はこうした再洗礼派の主張や活動に対処するため、1525年、洗礼に関する討論を1月、3月、11月の3回にわたって開催した。第1回討論の結論として、1月18日、市参事会は市民に対して「子どもが生まれたらただちに〔一週間以内に〕洗礼を施さなければならない」と布告し、これに従わない者は市から退去すべきことを命じた。

　初めての再洗礼が実施されたのは、それから3日後の1月21日のことである。グレーベルたちはマンツの母親の家に集まり、仲間同士で互いに洗礼を授け合った。この動きはたちまちチューリヒ近郊に広まり、翌日には郊外のツォリコン村でも信仰洗礼が行われ、再洗礼派の自由教会が成立した。25日には日常用のパンとブドウ酒を使ってスイス・ドイツ語による聖餐が行われた。チューリヒにおいてカトリックのミサが正式に廃止されるよりも1年前のことである。

　市当局はツォリコン村の再洗礼派を逮捕し、マンツやブラウロックなど25名に対して改宗を迫った。しかし彼らが釈放されるとまた同じ活動が始まり、再逮捕・再改宗が繰り返され、やがてチューリヒや周辺の農村に再洗礼派の影響が強まっていった。こうした経過のもとで市当局は再洗礼に対する処罰を厳格化し、第2回以降の討論を経て、違反者を水死刑に処すことを決定した。6世紀に定められたユスティニアヌス法によれば再洗礼を行った者は死刑と定められており、この古代の法を適用して再洗礼派

の処罰が行われたのである。1526年3月7日付けの市参事会の布告には次のように記されていた。

　　「都市、農村部および全裁判管轄区域内において、今後は男子・婦女子を問わず、いかなる者も他人に再洗礼を施してはならない、これに反して他人に再洗礼を施した者がおれば、諸卿はその者を捕縛させ、ここに示された判決に従っていかなる恩赦もなく溺殺に処する。」（『原典宗教改革史』285頁）

　ツヴィングリは『再洗礼派の陰謀に対する反駁』（1527年）を執筆したが、この中で「彼らはわたしたちから去って行きましたが、もともと仲間ではなかったのです」（第1ヨハネ2：19）という聖句を引用して再洗礼派との決別を明らかにした。

　マンツは度重なる逮捕と追放の後、1527年1月5日、チューリヒを流れるリマト川で4人の仲間とともに水死刑に処せられた。グレーベルはその前年の夏、疫病によりマイエンフェルトで亡くなっていた。

〔再洗礼派のその後〕

　再洗礼派は迫害を逃れるために地下運動化し、アルプスの谷間、ドイツのアウクスブルク、ライン川を下ってシュトラスブルクへ、さらにはオランダやドイツの各地に広まっていった。

　注目すべきことは、都市で始まったこの運動が各地に伝えられる過程で農民たちの間に浸透していったことである。封建制のもとで抑圧され、ドイツ農民戦争にも敗北した農民たちの中には、この世の権力を忌避し、ひたすらキリストに従うことを望む再洗礼派の純粋な態度に惹かれる者も多かった。チューリヒの市参事会は富裕層であった商人や貴族が主導権を握っており、再洗礼派が掲げる平和主義や平等主義には関心を持たなかっ

たが、再洗礼派の共同体は、多くの場合、女性も男性と同じ権利を持って
いたし、貧富の差や教育の有無にかかわらず平等を理想としていた。研究
者の中には、再洗礼派が農村部に広がる一方、都市における弾圧によって
司祭や知識人などの指導者が失われていった結果、この運動は理論的教理
的な面では後退し、倫理的実践的な面に重きを置くようになっていったと
指摘するものもある。

　スイスと南ドイツの再洗礼派は、1527年2月にシュライトハイムに集
まって会議を行い、再洗礼派の信仰を表す7項目から成る「**シュライトハ
イム信仰告白**」を採択した。この告白の中には、洗礼は信仰告白を前提と
すべきこと、教会はこの世から分離した聖徒の集いであること、そして世
俗の権力や武力の否定などが盛り込まれていた。

　再洗礼派の指導者として知られている人物の中には、フープマイヤー
（1480？〜1528年／殉教）、ブラウロック（1492？〜1527年／殉教）、ハンス・
デンク（1495？〜1527）、ハンス・フート（？〜1527年）、ミハエル・ザト
ラー（1500？〜1527年）などが含まれている。**フープマイヤー**は一時期ツ
ヴィングリに同調していたが、後に再洗礼派に転じ、洗礼に関してツヴィ
ングリと論争するなど数々の著作を残した。モラヴィア地方に避難した再
洗礼派の指導者として、同地の領主の支持を受けて再洗礼派の教会形成に
努めたが、最後はウィーンで火刑に処せられた。

　1528年、皇帝カール5世は再洗礼派を異端とみなし、死刑とすることを
定めた勅書を発布した。この命令は翌年のシュパイエル帝国議会で追認さ
れ、神聖ローマ帝国の各領邦において再洗礼派は異端として、また治安を
乱す者として断罪され、火刑・斬首・絞殺・溺死といったさまざまな方法
で処刑されていった。カトリック、プロテスタントを問わずこの時代の諸
教派の中で最大の犠牲者を出したのは疑いもなく再洗礼派であった。ゴン
サレスによれば、「再洗礼派の殉教者は、おそらくコンスタンティヌス時
代以前の3世紀間の迫害で死んだ人々よりも多かった」といい、「いずれ

にしてもこの運動は、過酷な迫害に晒されれば晒されるほど、いっそう広まっていったのである」(『キリスト教史(下)』62〜63頁)と記している。

　こうした過酷な状況のもとで再洗礼派の中からも黙示的な終末期待を抱いて過激化するグループが現れた。ライン川沿いのシュトラスブルクは当時としては宗教的に比較的寛容な町であり、多くの再洗礼派が集まっていた。ルター派の信徒説教者として各地で活動していた**メルキオール・ホフマン**(1500?〜1543?年)はこの町でキリストの再臨を預言する終末待望の強い説教を行った。それが再洗礼派の人々に大きな影響を与え、熱狂的な状態が生じた。市当局がこれに対処するためにホフマンを投獄して取り締まりを強めた結果、再洗礼派はミュンスターに移っていった。

　1534年以降、再洗礼派がミュンスターの市政を掌握するようになり、ヤン・マティス(1500?〜1534年)やヤン・ファン・ライデン(1509?〜1536年)を指導者として、「新しいエルサレム」の到来、すなわち終末を待望するようになった。彼らはカトリックや他のプロテスタントの指導者を追放し、極端なまでの聖書主義に立つ支配を行った。これに対して司教の軍隊が町を攻撃すると、再洗礼派の側でも武器を取って立ち上がった。長期に及ぶ包囲の後についに町は陥落し、指導者たちをはじめ多くの再洗礼派が処刑された(**ミュンスターの乱**、1534〜1535年)。この事件は再洗礼派に対する不信感やおぞましい異端というイメージを助長することになり、ヨーロッパ各地で再洗礼派への弾圧・迫害が強化徹底されるという結果を生んだ。

　その後、再洗礼派の中からは平和主義を掲げ独自の共同体形成をめざすグループが現れてきた。**ヤーコブ・フッター**(?〜1536年)は1533年にモラヴィアにおいて再洗礼派の集団を組織し、今日までつづく**フッター派(フッタライト)**の設立者となった。その信徒数は2万人に達し、財産を共有する共同体として運営されたが、三十年戦争の影響で北米へと移住した。またオランダ(フリースラント)出身の**メノー・シモンズ**(1496?〜1561年)

は初めカトリックの司祭だったが、ミュンスターの乱の後、再洗礼派に転じ、1536年以降、絶対平和主義に立つ教会の形成に努めた。彼らは激しい迫害を耐え忍び、後にオランダ、スイス、北ドイツなどで寛容令を勝ち取ることに成功した。この教会は**メノー派（メノナイト）**と呼ばれ、後に北米のペンシルベニア州に移住した。再洗礼派の流れを汲むメノナイトは平和主義に立つ教派として現代においても広く知られ活動している。

コラム㊼　再洗礼派の実数と影響

　カトリックからもプロテスタントからも忌み嫌われ、多くの殉教者を出した再洗礼派だが、実際にどの程度の信者が存在したのだろうか。正確な数字を挙げるのは困難だが、社会史的方法論を取り入れたＣ・Ｐ・クラーセンの研究によれば、1525年から1618年までの間に、中部及び南部ドイツ、スイス、オーストリアにおいて確認できる再洗礼派の数は、のべ2088町村、12522人であるという。一般に再洗礼派は特定の時期に特定の場所に集中的に出現したことが知られているが、1526年から1529年にかけて、ドイツにおける最大規模の町であり、ヨーロッパにおける最大の再洗礼派集団が存在したとされるアウクスブルクですら、人口２万5000人に対して再洗礼派とみなされた人々はわずかに324人（人口比1.3パーセント）にすぎなかったという（越川弘英『再洗礼派運動の研究　スイス兄弟団の社会的連関を中心に』、同志社大学神学研究科博士課程（前期）修士論文、1984年、164頁以下）。こうした数字はかつて一部で持たれていた「強力な大衆的アピールをもった下からの宗教改革運動」としての再洗礼派というイメージにはほど遠いといわねばならない。再洗礼派は比較的広範な地域に及んだ運動だったが、実際にそれに参与した人々は限定的な数に留まったのである。しかし逆にいえば、こうした少数の人々の信仰運動が自覚的積極的に展開された時に不釣り合いなまでに大きな影響や変革を生み出すという現象はキリスト教史の中でしばしば見受けられる出来事であり、そもそも最初のキリスト教そのものがそうした少数者の運動から始まったということを私たちは想起すべきなのかもしれない。

（4）カルヴァンとジュネーブの改革

〔カルヴァンと最初のジュネーブ時代〕

　1520年代にはフランスにも宗教改革の波が押し寄せた。人文主義者の**デタープル**（1450 ？〜 1536年）は新約聖書のフランス語訳や聖書の注解書を著して信仰義認を説き、**ギョーム・ファーレル**（1489 〜 1565年）はフランス語による新しい礼拝式文を作った。しかしカトリック教会がこれらの動きに反対したため、デタープルはシュトラスブルク（ストラスブール）に、またファーレルはジュネーブに亡命した。

　ジャン・カルヴァン（1509 〜 1564年）はパリ北西のノワイヨンで生まれ、パリ、オルレアン、イタリアのブールジュで法律学を学んだ。その後、パリに戻って学業をつづけるうちに宗教改革に関心を寄せるようになった。彼がいつ「突然の回心」（カルヴァン自身の表現）を経験したのかは不明であるが、おそらく1533年かその翌年頃だったと考えられている。

　1533年、カルヴァンの友人であるニコラ・コップが保守主義の牙城とみなされていたパリ大学学長に選ばれた。ところがその就任演説が改革的な傾向を持ち、それがカルヴァンの影響によるという嫌疑をかけられたために、危険を感じたカルヴァンはパリを去ってバーゼルに逃れた。

　バーゼル滞在中、カルヴァンは彼の主著となった『**キリスト教綱要**』を執筆し、1536年に初版を出版した（ラテン語版、後にはフランス語版も出版）。この本はカルヴァンの生涯にわたって５度の改訂が加えられ、1559年の最終版では80章に及ぶ大著となった。それは聖書に基づいて神論やキリスト論から教会論までを包含するプロテスタント神学の本格的な組織神学書であり、改革派系の教会をはじめとして後世のキリスト教会に多大な影響を及ぼす著作となった。

　当初、カルヴァンは宗教改革の実践に関わるつもりはなく、学者・著述

コラム54　カルヴァンの「予定説」と「抵抗権」

カルヴァンが『キリスト教綱要』で取りあげた神学思想の中から「予定説」と「抵抗権」という特徴的な主張について概説しておこう。**「予定説」**とはキリスト教徒の救いに関する教説であり、古代からアウグスティヌスなどの神学者によって「救われる者はあらかじめ神によって予定されている」という主張がなされてきた。カルヴァンはこれをさらに推し進め、救われる者とともに救われない者（滅びる者）も予定されていると主張した**（二重予定）**。これは人間の全的堕落とともに救いに関するカルヴァン主義の特徴的な教説であるといわれ、後にM･ウェーバーは予定説と資本主義の展開を関連づける研究を行っている（『プロテスタンティズムの倫理と資本主義の精神』参照）。**「抵抗権」**は神の意思に反する君主の悪政や横暴に対して、正当に選ばれた臣下の者にはこれに抵抗する権利と義務があることを説く思想である。「主なる神は王の王であられるのだから、その聖なる口を開きたもう時は（中略）全ての者を越えたお方としての主に聞かなければならない。我々が上に立てられた人に臣従するのは第二義的要件であり、しかも主によってでなければ我々は上なる者に従うこともないのである。」（『キリスト教綱要』第４篇第20章32）カルヴァンの抵抗権の主張は限定的なものだったが、後継者であるベーズは抵抗権についてさらに熟考を重ねた著作を著した。抵抗権の思想は近代の啓蒙主義者であるホッブスやロックによって市民社会における個人的な抵抗権や革命権という理念にまで展開され、これらの主張がアメリカの独立戦争やフランス革命などに影響を与えたことはよく知られている。

家として生きることを望んでいた。しかし1538年のバーゼルからシュトラスブルクに移動する旅の途上、たまたま立ち寄ったジュネーブでこの地の改革者として活動していたファーレルに懇望され、同地に留まって改革に協力することになった**（第１次ジュネーブ時代）**。

ジュネーブの宗教改革は、カトリックの司教とそれに結びついたサヴォワ家の支配から市政の独立をめざす勢力を後ろ盾として進められていた。カルヴァンが到着したのは、ツヴィングリ系のプロテスタント州となって

いたベルンの軍事的な援助を得て、ジュネーブの宗教改革が進展しつつある時期であった。すでに司教は追放され、ミサの廃止、聖像の撤去、プロテスタント的な礼拝や生活習慣の導入が行われていたが、ファーレルとカルヴァンは市民生活をよりいっそう福音主義化することを求めて、厳格な教義と規律を導入しようと試みた。カルヴァンとファーレルは改革を進めるうえで宗教的な制度や習慣の変革のみならず、居酒屋・賭け事・性的腐敗などに厳しく対処する姿勢を打ち出した。彼らが作った**「教会規則」**の中には、聖書の教えに反する生活を送る人間に対しては陪餐停止（聖餐への参加を認めない）による教会からの破門、さらに市からの追放にまでいたる罰則も含まれていた。

　しかしカルヴァンたちのこうした試みは市参事会の激しい抵抗に遭うことになった。議論が集中したのは破門をめぐる項目であったが、その要点は破門宣告を行う権利を最終的に牧師（教会）が握るのか市参事会が握るのかということにあった。カルヴァンたちは前者を意図していたが、市当局は後者を主張した。市政の当事者たちは長年にわたる闘争の末にようやくカトリックからの独立を勝ち取ったにもかかわらず、ふたたび町が別の宗教勢力に支配されることになりかねないのを懸念したのである。その結果、カルヴァンとファーレルはジュネーブから追放され、1538年にシュトラスブルクへ移ることになった。

　シュトラスブルク時代のカルヴァンはこの都市の改革者であった**マルティン・ブツァー**（1491〜1551年）から大きな影響を受けながら、同地のフランス語を話す人々のために牧師として働き、またシュトラスブルク・アカデミーで新約聖書を教えた。カルヴァンがブツァーから受けた影響の中でとくに重要だったのは、ブツァーの聖餐論、シュトラスブルクにおける長老制の教会政治、詩編歌による会衆賛美の実践などであった。カルヴァンはこの地で『ローマ書注解』などの神学的著作に励むとともに、フランス語による礼拝式文や詩編歌の作成などを行っている。1540年8月、

カルヴァンはかつて再洗礼派であった寡婦のイドレット・ド・ビュールという女性と結婚した。

〔2回目のジュネーブ時代〕

1541年、カルヴァンは宗教的政治的状況が悪化していたジュネーブからふたたび招きを受けて、同市に戻ることになった。その後、カルヴァンは市当局との間に緊張関係を持ちながらも終生ジュネーブの宗教改革者と

コラム(55)　ブツァーとシュトラスブルクの改革

マルティン・ブツァーはルター、カルヴァン、さらに後には英国国教会の改革に関わった経歴を持つユニークな宗教改革者である。彼はアルザスに生まれ、若くしてドミニコ会修道士となった。1517年からハイデルベルク大学で学び、翌年、ハイデルベルク討論に立ち会ってルターから大きな影響を受けた。修道会から脱退した後、1523年にシュトラスブルクに移り、同地の宗教改革において重要な位置を占める存在となった。ブツァーはプロテスタントの諸教派の間だけでなくカトリックに対しても調停的な姿勢で臨んだ人物として知られているが、他方、礼拝をはじめ信仰教育、教会音楽、牧会などのさまざまな面で優れた実践を行った。カルヴァンがシュトラスブルクの教会で会衆が詩編歌を歌う姿に感激し、その習慣をジュネーブに導入したことはよく知られており、聖餐論についてもブツァーから多くを学んだとされている。「1530年代ブツァーは他の都市で同じようなことを達成しようとしていた他の改革者にとってモデルとなるような、目に見える改革派教会を設立することに成功することができた。」（マクグラス『宗教改革の思想』129頁）1546年の戦争でシュマルカルデン同盟軍が皇帝に敗北した後、シュトラスブルクがカトリックに復帰したため、ブツァーはイングランドに亡命した。彼はケンブリッジ大学で教えるとともに著作に努め、クランマーに協力して『祈禱書』の改訂（1552年版）に多大な助言を行い、国王エドワード6世に対しても宗教改革の方向性を示した文書を送っている。

して留まった（**第２次ジュネーブ時代**）。カルヴァンは先に挫折した「教会規則」を携えてジュネーブに戻り、牧師・教師・長老・執事の４職から成る教会組織の確立をはかった。**牧師**は説教とサクラメント（洗礼と聖餐）に携わり、**教師**は教育を担当し、**長老**は市民生活と信仰に対する指導・監督にあたり、**執事**は病人や貧者などに対する社会福祉的な役割を担った。牧師と長老の代表が長老会を組織したが、藤本満によれば、「長老は教会の一般信徒の代表ですが、実際には市当局の派遣委員」であって、「つまり教会権力の核となる長老会に市当局の権力が組み込まれた状態」（『わたしたちと宗教改革　第１巻　歴史』82頁）であった。先に問題になった破門宣告の主体については、**長老会**が判断して戒告を与えるが、実際の懲罰は市当局が行うことになった。カルヴァンは長老会の中心的存在であり、長老会の主導権を確立するためにその後も長く力を尽くした。

　教会と国家、信仰と政治の関係についていえば、すでに見てきたルターやツヴィングリの場合、地域的共同体（領邦国家、都市）と信仰共同体を理念的には一体のものとみなしていたが（キリスト教世界）、実際にはその中に「救われた者」（真のキリスト教徒）も「救われない者」（偽りのキリスト教徒）も混在するという事実を認めていた。他方、再洗礼派は「救われた者」だけからなる共同体を求めて世俗から分離した自由教会を形成しようとした。カルヴァンが試みたことは、ある意味でこうした両者の理念の統合であったといえるかも知れない。すなわちカルヴァンはジュネーブという都市がプロテスタントの福音主義を受け入れ、その住民すべてが「救われた者」、すなわち「聖徒」となることを望んだのであり、そのような共同体を形成するために、長老会を中心として市民に対する教育と訓練が厳しく実践された。現代人から見れば些細と思われるようなことがら（たとえば礼拝の説教中に笑ったり、日曜日に賭け事をした場合など）も処罰の対象とされた。ただしそこには当時のジュネーブが依然としてカトリックなどの敵対的な勢力から取り囲まれた状況にあり、外部からの攻撃に備えて市民の

規律と一致団結をはかる必要があったという事情も覚えておかなければならない。

　いずれにしてもこうしたやり方に従わない者や批判した人々は町から追放された。その一方でカルヴァンの神学やジュネーブの改革に賛同する人々がヨーロッパ各地から集まってきた。およそ1万3000人のジュネーブ市民に対して、外国からの亡命者の数は6000人に達したといわれている。ベイントンにいわせれば、「このように反対者を追放し、賛成者を受け入れることによって、ジュネーブは聖徒の町と変わって行った」（『宗教改革史』136頁）のである。

　しかしこういう状況であったがゆえに、よく知られているセルヴェトゥスの火刑という事件も生起するにいたったといえるだろう。**ミカエル・セルヴェトゥス**（1511〜1553年）はスペイン出身で医学・地理学・天文学に通じたルネサンス的な教養人であった。彼は1531年にキリスト教の基本的な教義とされた三位一体論を否定する著作（『三位一体の誤謬について』）を出版したために、カトリックとプロテスタントの双方から告発されていた。セルヴェトゥスはイタリアのミラノで投獄され異端審問を受けたが、獄を抜け出し、その逃亡の途上で立ち寄ったジュネーブで逮捕された。カルヴァンはセルヴェトゥスを告発する側に回り、1553年10月27日、セルヴェトゥスは異端として火刑に処せられたのである。この事件の結果、カルヴァンに対して教条主義的で不寛容な独裁者という印象が生まれることになった。

〔カステリヨと宗教的寛容〕
　カルヴァンとともに働いたこともあるフランス人の人文学者であり神学者だった**セヴァスチャン・カステリヨ**（1516〜1563年）はセルヴェトゥスの処刑や再洗礼派に対する迫害を批判し、この時代には珍しく宗教的な寛容の必要を説いた人物であった。彼は**『異端は迫害さるべきか』**（1554年、

『宗教改革著作集10』37頁以下）の中で、キリスト教信仰には救いに不可欠な「根本信仰内容」（fundamenta）とそうではなくて「どちらでもよいもの」（indifferentiae）があり、これらをきちんと区分することが重要であると説いている。

　カステリヨの寛容論は、迫害を行う側が前提としている3つのポイント、すなわち「自分は正しい」という自己絶対化、取りあげられていることがらを死活的な重大性を有する問題とみなす信念、さらに暴力を含む強制力が問題解決に有効であるとする考え方について、それぞれ再考を迫るものであった。そして自己絶対化には自己相対化の視点を、重大性については最小限のものを「根本信仰内容」として区分することを、さらに俗権による強制は実は無益な手段にすぎないということを論じたのである。グッギスベルクという研究者によれば、カステリヨの寛容論の根底には、神の全能と人間の無力という認識が存在し、神によって成される「最後の審判」を待たずに人が人を裁いてはならないという主張があったという（『セバスティアン・カステリヨ』176頁参照）。

　カステリヨは先に挙げた論文の中で次のように記している。

　　「キリストは義にして罪なき方であられましたが、しかもつねに不義なる者、悪しき者を赦され、七の七十倍までも彼らを赦すように命じられました。そのような生き方と教えを思う時、キリストの寛容に従って歩まない者をどうしてキリスト者と呼ぶことができましょうか。わたしにはどうしても理解できません。（中略）自分の上にはまことに多くの罪が積み重なっていることを考えると、各自が自分自身に目を向け、他人を断罪するよりは、己れの生活を改める努力を重ねることがもっとも重要となります。」（『異端は迫害さるべきか』44頁）

　カステリヨの主張にはこの時代における寛容論の重要な論拠となるもの

コラム⑤　「根本信仰内容」と「どちらでもよいもの」

　本文で取りあげた、救いに不可欠な「根本信仰内容」と「どちらでもよいもの」
の区分について、カステリョはたとえば前者には「父なる全能の神、その御子、
聖霊を信ずること、聖書に含まれるまことの敬虔の戒めを是認すること」が、
後者には「三位一体論、予定論、自由意志、神、天使、この世の後の魂の状態、
その他この種のこと」が含まれるという。出村彰によれば、「上述の三位一体論、
予定論、自由意志論、死後の魂の状態（魂の眠りの状態）など、どれ一つを取りあ
げても、十六世紀にあっては激しい論争の的であり、現にこれらこそが迫害と
分裂、分争、分派の原因であったことを思い合わせると、カステリョのこのよ
うな発言がどれほど大胆で衝撃的であったのかが分かるであろう」（「解題　セバ
スチャン・カステリョ」、『宗教改革著作集10』315 ～ 316頁）と述べている。

が含まれていたが、カルヴァンの後継者ベーズはこれに対する反論を著し、
両者の間に論争が行われた。

〔カルヴァン派の国際化と宗教戦争〕

　1559年、カルヴァンや**テオドール・ベーズ**（1519 ～ 1605年）を中心に**ジュ
ネーブ・アカデミー**が設立された。これは改革派の牧師や神学者を養成す
る学校となり、フランス、イタリア、イングランド、スコットランドなど
から多くの亡命者や留学生が集まった。ここで学んだ人々がカルヴァン神
学とジュネーブの聖なる共同体の理想をそれぞれの故郷へ持ち帰ったため
に、カルヴァン派はヨーロッパ各地に広まることとなった。こうしたカル
ヴァン派の国際化に伴って、フランスでは「**ユグノー**」、ネーデルランド
（オランダ）では「**ゴイセン**」、イングランドでは「**ピューリタン**」、スコッ
トランドでは「**プレスビテリアン**」（長老派）という名称が用いられるよう
になっていった。

　カルヴァン派がもっとも大きな成功をおさめたのはスコットランドであった。この地における宗教改革の指導者となった人物が**ジョン・ノックス**（1513？〜1572年）である。スコットランドではかねてから政治的宗教的問題をめぐって王や諸侯の間に争いがつづいており、そこにフランスなどの外国勢力も関与していた。この紛争に巻き込まれたノックスは1547年にフランス軍の捕虜となり、一時期、ガレー船の労役に服したこともあった。釈放後、彼はイングランドへ移り、さらにジュネーブに亡命し、カルヴァンの神学から多くのことを学んだ。

　スコットランドではプロテスタントの貴族勢力が反国王軍として立ち上がる気運が高まっていた。1559年、ノックスは故郷に戻り、彼の説教をきっかけにして内乱が勃発した。翌年、戦いはプロテスタント側の優勢のもとで終わりを告げ、フランス軍もスコットランドから撤退した。その年に議会ではノックスの起草したカルヴァン的な思想に立つ「スコットランド信仰告白」が承認された。さらにノックスは新たな礼拝式文の作成や長老制度の導入を試み、改革派教会の形成と確立に努めた。1567年、議会は改革派教会をスコットランドにおける正当な教会として承認し、カトリックを退けた。**スコットランド長老教会**が国教会となったのは1690年のことであったが、ジュネーブのような都市ではなく、ひとつの国がまるごとカルヴァン派の教会となるという事態がここで生じたのである。

　ネーデルランドには早くからルター派が伝わっており、後に再洗礼派や改革派が浸透した。この地における宗教改革は、宗主国でありカトリックでもあるスペインからの独立闘争と結びついて進展した。スペイン王**フェリペ2世**（在位1556〜1598年）の時代にプロテスタントへの弾圧が強まると、貴族や市民がこれに反抗して武力闘争が生じた。1568年に**オランダ独立戦争**（**八十年戦争**）が始まり、改革派に属していたオラニィェ公ヴィレム（**沈黙公**、1533〜1584年）を指導者とする戦いがつづいた。ネーデルランドの南部（後のベルギー）はカトリックのスペイン領に留まったが、北部は改革派

として独立（後のオランダ）をめざした。オランダの独立が最終的に公認されたのは1648年のウェストファリア条約においてである。オランダは当時にあってはどの国よりも宗教的自由を認めていたので、再洗礼派を含むさまざまな教派の人々がこの地に集まった。

　イングランドでは次章で取りあげる国教会の形成と関わりながらピューリタンの運動が政治的に重大な影響を与えるとともに、改革派の流れからさまざまな教派が新たに出現した。また英国の北米植民地でも改革派は大きな役割を担うことになった（第19章参照）。

　フランスにおけるカルヴァン派は、1555年以降、急速に成長・拡大した。しかしその結果、フランス王室をめぐる政治抗争に巻き込まれ、1562年には**ユグノー戦争**が勃発した。この争いは断続的につづいたが、1598年の**ナントの勅令**によって終結し、限定的ながら信仰の自由が認められることになった。その後、フランスでは絶対王権の形成が進み、**「太陽王」**と呼ばれた**ルイ14世**（在位1643〜1715年）は国内のカトリック教会のローマからの独立を進める一方、ユグノーを弾圧し、1685年にナントの勅令を廃止してプロテスタント信仰を非合法化した。ユグノーは隣接する各国や英国、北米などに移っていったが、彼らの多くは金融や織物業、製紙業に携わっていたので大きな経済的打撃となり、これによってフランスの産業革命が遅れることになったともいわれる。

　ドイツの場合、1559年以降、改革派（カルヴァン派）はすでにルター派が認められていた南西部のプファルツに伝えられ、大きな力を持つようになった。ハイデルベルクの神学者ザカリアス・ウルジウス（1534〜1583年）は1563年に**「ハイデルベルク信仰問答」**を作成し、この信条は後の「ウェストミンスター信仰告白」（1648年）と並ぶ改革派信仰の代表的な文書として認められるようになった。

〔第15章の主な参考文献〕

C・エルウッド『はじめてのカルヴァン』(教文館、2007年)

G・R・エルトン『宗教改革の時代』(みすず書房、1973年)

J・カルヴァン『キリスト教綱要』(全3巻、新教出版社、2007〜2009年)

倉塚平他編『宗教改革急進派』(ヨルダン社、1972年)

B・コットレ『カルヴァン　歴史を生きた改革者』(新教出版社、2008年)

出村彰『スイス宗教改革史研究』(日本基督教団出版局、1971年)

出村彰『ツヴィングリ』(日本基督教団出版局、1974年)

出村彰『再洗礼派』(日本基督教団出版局、1970年)

出村彰『カステリョ』(清水書院、1994年)

永本哲也、他『旅する教会　再洗礼派と宗教改革』(新教出版社、2017年)

藤本満『シリーズ　わたしたちと宗教改革　第1巻　歴史』

(日本キリスト教団出版局、2017年)

R・H・ベイントン『宗教改革史』(新教出版社、1966年)

E・A・マッキー編『牧会者カルヴァン』(新教出版社、2009年)

A・E・マクグラス『宗教改革の思想』(教文館、2000年)

A・E・マクグラス『ジャン・カルヴァンの生涯』

(全2巻、キリスト新聞社、2009／2010年)

森井眞『ジャン・カルヴァン　ある運命』(教文館、2005年)

森田安一、他『原典宗教改革史』(ヨルダン社、1976年)

『宗教改革著作集』(第5〜10巻、教文館)

第16章　イギリス（イングランド）の宗教改革

　イギリス（イングランド）における宗教改革は、国王主導のもと、最初から国教会として形成される道をたどった。本章ではヘンリー8世の時代における改革の始まりからエリザベス1世の時代における「中道」的な国教会の形成、その後のスチュアート王朝の時代、ピューリタン革命と共和制、さらに名誉革命を経て英国国教会が確立されるまでの流れを概説する。

（1）英国国教会の誕生

〔ヘンリー8世と英国国教会〕

　16世紀前半のイングランドは、ランカスター家とヨーク家の王位争奪の争いである**薔薇戦争**（1455～1485年）を経て、前者の流れを汲む**ヘンリー7世**（在位1485～1509年）が国王に即位し、中央集権的な国家体制の形成に着手し始めた時期にあたっている（チューダー王朝）。宗教的状況についていえば、中世末期以来、イングランドにはカトリックを批判して教会に対する王権の優越を説き、ナショナリズムを宣揚するとともに教会改革を提唱したウィクリフやロラード派の影響が残っていた（上巻・第13章参照）。1520年以降、イングランドにもドイツにおけるルターの改革の影響が伝わり始めた。そして後にイングランドの改革で活躍することになった**ティンダル**（1494？～1536年）や**カヴァデール**（1488～1568年）といった人々が大陸に渡り、宗教改革の実態や理念を学ぶようになった。またエラスムスやモアなどの人文主義者もこの時代のイングランドに大きな影響を与えることになった。

　ヘンリー7世はその支配権を強化してフランスに対抗するために、フランスと敵対していた強国であるスペインの後ろ盾を得ようとして、1501年、長男アーサーをスペイン国王フェルディナントの娘キャサリンと結婚させ

コラム(57)　「イギリス」という呼称とキリスト教の諸教派

イギリスの正式名称は**グレート・ブリテン及び北アイルランド連合王国**（United Kingdom of Great Britain and Northern Ireland）である。1707年にイングランド王国とスコットランド王国が統合した時に「グレート・ブリテン」の名称が正式に認められ、1801年にアイルランドが統合された時に「グレート・ブリテン及びアイルランド連合王国」となった。現在の国名は1922年に現在のアイルランド共和国が独立した際、連合王国に残った北アイルランドを含めて用いるようになったものである。グレート・ブリテン島はイングランド、スコットランド、ウェールズの各地方に分類されるが、宗教的な色分けとしてみると、アイルランドはカトリック、スコットランドは改革派（長老派）、それ以外の地域は英国国教会が中心的位置を占めてきた。

た。ところがその４か月後にアーサーが夭折（ようせつ）したため、スペインからの要求で次男のヘンリーとキャサリンを再婚させることとなった。

1509年、**ヘンリー８世**（在位1509～1547年）はイングランド国王に即位したが、当初、彼はルターの宗教改革に対して批判的立場をとっていた。ヘンリーはローマ・カトリックを擁護する論文（『七秘跡の確認』）を自ら著し、教皇レオ10世から「信仰の擁護者」（Fidei defensor）という称号を贈られたほどであった。

英国国教会（アングリカン教会、聖公会）の誕生はよく知られているように国王の結婚問題と深い関わりを持っており、またそれは完全に政治主導の出来事であった。キャサリンがヘンリー８世と再婚した後、ふたりの間に生まれた子どもたちの中で生き残ったのは娘のメアリー（後のメアリー１世）だけであった。成立して間もないチューダー王朝を確固たるものにするために王は跡継ぎとなる男子を熱望し、キャサリンとの結婚を解消することを望むようになった。ヘンリー８世が結婚の解消を望んだ理由のひとつは、違法な結婚が神意にそぐわないのではないかということを真剣に悩

んだためともいわれている。本来、教会法によれば兄弟の妻だった女性
と再婚することは認められていなかったからである。ヘンリー8世の場
合、教皇ユリウス2世の特免状によってその結婚を特別に認められていた
が、結婚を無効にするためにはこの特免状の取り消しが必要だった。しか
しキャサリンの甥はスペイン王であると同時に神聖ローマ帝国皇帝である
カール5世だったために、教皇クレメンス7世（在位1523～1534年）は政治
的思惑からそのような取り消しを宣言するわけにはいかなかった。

　国王の離婚問題に対する教皇のこうした姿勢は、すでに長くイングラン
ドの国内にくすぶっていた反ローマ感情に火をつけることになった。国王
はこうした国民感情を背景としてカトリック教会から独立した国教会を形
成する方向へ進んでいった。ヘンリー8世は1529年から36年にかけて7
回に及ぶ宗教改革議会を召集し、さまざまな反ローマ的法令を決定して
いった。ことに1534年11月の**「国王至上法」**（首長令）は国王を英国国教会
の「唯一最高の首長」と宣言し、カトリック教会との完全な分離を告げる
ものとなった。さらに「小修道院解散法」（1536年）と「大修道院解散法」
（1539年）によってイングランドにおける修道院は解散を命じられ、その財
産は没収された。修道院解散の公式の理由は修道士の腐敗堕落を排除する
ためとされていたが、実際には浪費と戦争による国庫の窮乏を賄うためで
あったといわれている。こうした措置に対して北部イングランドでは修道
院解散に反対する人々が立ち上がり、かねてからのチューダー王朝の中央
集権的な政策への不満も含めて反乱を起こしたが、結局、国王によって鎮
圧された。

　ヘンリー8世の意向を受けてイングランドの宗教改革を具体的に推進し
た人物がカンタベリー大主教となった**トマス・クランマー**（1489～1556年）
である。クランマーは王の離婚問題に際してヨーロッパの主な大学に意見
を求めることを進言し、その結果、結婚の無効という回答が多くの大学か
ら寄せられたために、この出来事によって王の深い信頼を得ることになっ

た。ヘンリー8世はキャサリンとの結婚を解消した後、1533年にキャサリンの侍女であったアン・ブーリンと結婚し、同年、エリザベス（のちのエリザベス1世）が生まれた。しかし王は1536年にアン・ブーリンを国王暗殺への関与と姦通罪の嫌疑で斬首させた。3番目の王妃はジェーン・シーモアで、1537年に男子（後のエドワード6世）が生まれた。

　ヘンリー8世の時代における宗教改革の実態は多分に曖昧な性格のものであった。1536年に公布された「10箇条」は英国国教会の信仰的立場を明らかにするために保守派と改革派の神学者たちから成る聖職者会議によって作成されたが、その内容はカトリック的なものとプロテスタント的なものの妥協・折衷に留まっていた。そこでは聖書主義や信仰義認に触れ、洗礼・悔悛（かいしゅん）・聖餐の3つをサクラメントと認めているが、他方で聖画像や聖人崇敬、従来の礼拝形式を尊重し、さらに煉獄を実質的に認めるような内容も含まれていた。1539年に出された「6箇条」はさらにカトリック的性格の強いものとなり、プロテスタント的な改革を望む人々はこれを厳しく非難した。そこには聖餐における実体変化説や一種陪餐（聖餐でパンのみを受けること）の堅持、聖職者の独身制の強制などが含まれており、さらにこれらに違反した場合の尋問や処罰に関わる細かい規定も盛り込まれていた。こうした点について、そもそもヘンリー8世は国教会という独立した教会を作ったものの、その真意はプロテスタント的な改革を望んでいたわけではなく、むしろ「6箇条」の中にこそ彼の本来の意図が現れていたと考える研究者もいる。

〔エドワード6世の時代の改革〕

　ヘンリー8世の後を継いだのは、**エドワード6世**（在位1547〜1553年）であった。9歳で即位し15歳で亡くなったこの少年王の時代にイングランドにおける宗教改革は大きな前進を遂げることになった。

　エドワード6世が即位した時点でイングランドの宗教勢力は3つに分か

れていた。すなわち、カトリックへの復帰を望む勢力、よりプロテスタント的な改革を推進しようとする勢力、そして中間派というべき勢力である。第3の勢力は、ヘンリー8世自身がそうだったように、国王を首長とする国教会を認めながらも、教会の制度や組織には著しい変革を望まない人々であり、実質的に多数派を占めていた。しかしエドワードの時代に主導権を握ったのはプロテスタント的な改革を望む勢力であった。少年王の後見人として王妃シーモアの兄であったサマセット公が、そして後にはノーサンバーラント公が政治的な実権を握った。また宗教的には引きつづきクランマーが重要な役割を担いつづけた。この時期に、先の「6箇条」は廃止され、信徒の二種陪餐（聖餐でパンとブドウ酒の両方を受けること）の実施、司祭の結婚の許可、聖画像の撤去などが行われた。

　クランマーは1547年に出版した『説教の書』において信仰義認など福音主義の主要な教えを説き、そこに含まれる6編の説教がイングランドのすべての教会で読まれることを望んだが、その期待通りにこの本は大きな影響を生んだ。1549年、クランマーが作成した**『祈禱書』**（**第1祈禱書**、The Book of Common Prayer、BCP）が議会で承認され、**「統一法」**（**第1次礼拝統一法**）により、強制力を伴ってイングランドの全教会の礼拝で用いられることとなった。『祈禱書』は司式者（聖職者）と会衆がともに用いる式文や祈禱などをまとめた礼拝書であり、礼拝史上において画期的意味を持つものであった。この文書においてクランマーは多様な立場の人々が受け入れることのできる式文を試みたが、より徹底した改革を望む勢力から批判を受けたために、1552年にプロテスタント的（改革派的）な性格の強い**『祈禱書』**（**第2祈禱書**）を作成し、これもまた**「統一法」**（**第2次礼拝統一法**）によって全教会に使用が義務づけられることになった。

　さらにクランマーが中心となって英国国教会の信仰内容を列挙した**「42箇条」**が作成され、1553年に国王の名で制定された。この文書は信仰義認を認める一方、煉獄や聖遺物の崇敬などを否定していた。

　クランマーはまたカトリックが開催したトリエント公会議を意識して、宗教改革の側に立つ勢力の公会議をイングランドで開催する構想を抱いていた。彼は二度にわたってメランヒトンやカルヴァンを含む大陸の改革者たちに書簡を送ったが、積極的に賛同する応答はなく、この企画は断念せざるをえなかった。

〔メアリー1世とカトリックへの復帰〕

　1553年、エドワード6世が死去すると、ヘンリー8世の長女である**メアリー1世**（在位1553〜58年／夫は当時絶頂期にあったスペインの国王フェリペ2世）が即位した。母であるキャサリンからカトリック信仰を受け継いでいたメアリーは、カトリック国であるスペインを後ろ盾として宗教政策の大転換に乗り出した。

　女王は即位直後に議会を招集し、エドワード6世の時代の法令をすべて廃棄して、まず教会をヘンリー8世の時代の状態に戻した。さらに1554年にはヘンリー8世の時代の「国王至上法」も廃棄してローマ教皇の至上権を認め、カトリックへの復帰を達成した。翌年、メアリー1世は**「異端者火刑法」**を復活させ、改革派に対する激しい弾圧を開始した。これによってクランマーをはじめ主教を含む300人近い人々が異端として処刑された。また800人に及ぶ神学者や聖職者が追放された。このように多くの人々を迫害したことからメアリー1世は**「血だらけのメアリー」**（Bloody Mary）という悪名を残すことになった。

　こうした状況のもとでプロテスタントの中からは追放されたり迫害を避けるために大陸に亡命する人々が続出した。その多くはスイスの改革派系の諸都市に寄留し、中でもジュネーブには200人もの人々が集中した。メアリー1世の没後、エリザベス1世の時代になるとこれらの人々が帰国し、カルヴァンたちの神学思想をイングランドに持ち帰ることになったのである。

（2）英国国教会の確立

〔エリザベス1世と「中道」主義〕

　メアリー1世の後、**エリザベス1世**（在位1558〜1603年）が即位した。エリザベスはヘンリー8世の宗教政策に立ち帰り、**「中道」**（Via Media）を掲げて国教会の形成を進めた。優れて政治的な人物であったエリザベスの宗教政策のねらいは、国家の統一と維持に貢献する教会を形成するという点に置かれていた。彼女にとって神学や信条における相違は2次的なことにすぎず、諸教派の対立や迫害は願うところではなかった。エリザベスが望んだのは、穏健なプロテスタント主義を基礎として、可能な限り多様な意見を許容する包括的な教会を打ち立てることであった。国教会の統一を表現するのは共通の礼拝様式における一致であって、その意味において礼拝式文である『祈禱書』がきわめて重大な役割を担うことになった。

　1559年に新たな**「国王至上法」**（首長令）と**「礼拝統一法」**が公布され、これに宣誓しない主教はその職を追われることになった。この「国王至上法」ではかつて「首長」（Head）と記されていたものが「統治者」（Governor）という言葉に改められたが、このことは国王が教会の行政面における権威だけを行使する存在であることを示していると理解されるようになっていった。礼拝では1552年の『第2祈禱書』がふたたび全教会で用いられることになった。

　1563年には**「39箇条」**が聖職者会議を経て、国王の権威のもとに公布された。これはエドワード6世の時代の「42箇条」を改訂したものであり、英国国教会の教理的な基礎を定めたものである。その特徴は、「中道」の精神に則ってカトリックとプロテスタントの双方が受け入れられる内容を盛り込んだ許容性の高さにあるといえるだろう。また少し違った角度から見れば、それは「当時大陸で行われていたプロテスタント信仰をイングラ

ンド教会なりに解釈し、しかも諸教派共通の遺産ともいうべき古来のカトリック信仰を尊重し、急進的なプロテスタンティズムを回避したもの」（菊池榮三、菊池伸二『キリスト教史』320頁）ということもできる。いずれにしてもこの「39箇条」によって英国国教会はその教理的基礎を確立することになった。

　ベイントンは、宗教問題に対して「中道」を掲げたエリザベス流の解決策の特色は「温和さと意図的な不明瞭さ」（傍点は筆者）にあったといささか皮肉な筆致で記している。そしてこうした曖昧さを批判することは容易であると指摘しながらも、なお次のように述べている。

　　「しかし結局それは〔メアリー1世の時代に大量の処刑が行われた〕ス
　　ミスフィールド刑場の炎が示したような、目もくらむばかりの明瞭さと比
　　べ、宗教的係争の解決として不満足なものだったであろうか。いずれにし
　　ても、英国の宗教改革は第一義的に教理の面で高い評価を受けているわけ
　　ではない。むしろその最大の特色は礼拝の分野に属する。『祈禱書』は気
　　高い誓願を崇高な散文に託して表出している。」（『宗教改革史』231頁）

　ヘンリー8世以来、プロテスタント的な改革とカトリックへの復帰という激動の中で揺れつづけたイングランドの教会は、およそ半世紀に及ぶエリザベスの長い治世と一貫した宗教政策によって安定した方向へ導かれていくこととなった。こうした宗教政策のブレーンとして知られているのが、40年にわたって女王を支えた首相のウィリアム・セシル（1521〜1598年）やカンタベリー大主教マシュー・パーカー（在位1559〜1575年）である。

〔エリザベスの宗教政策への反動〜ピューリタンの運動〕

　しかしエリザベス1世の宗教政策にすべての国民が納得していたわけではない。カトリック側の勢力や徹底した改革を望むプロテスタントの勢力

の中には、依然としてそれぞれの立場から反対や批判の活動を繰り広げた人々が存在した。

　カトリックの側からは、1570年に教皇ピウス5世（在位1566〜1572年）がエリザベスの破門と王位剥奪を命じる教皇教書を発した。国内ではカトリック側の一部の指導者がヘンリー7世の曾孫に当たるメアリー・スチュアートを擁して、政権の転覆を謀った。メアリーはエリザベス1世の従姉妹にあたり、スコットランド女王だったが、当時は廃位されてイングランドに亡命していたのである。しかしエリザベスの暗殺という陰謀に加わったことが発覚し、1587年にメアリーはその一味とともに処刑された。

　フェリペ2世の統治下にあったカトリック国のスペインは、かねてから宗教問題に加えてネーデルランドの独立をめぐる政治的経済的な利害関係から反イングランド政策をとっていたが、このメアリー処刑を契機のひとつとして開戦に踏み切った。しかしスペインが派遣した無敵艦隊はアルマダ海戦（1588年）においてイギリス海軍に敗北し、ロンドン占領という計画は挫折した。これは海洋国家としてのスペインの没落とイングランドの台頭を予感させる事件となり、またプロテスタント側の国家に対するカトリック国の画策・干渉の失敗を象徴する出来事となった。この後、イングランドのカトリック信徒は、長期にわたるエリザベスの統治下で、しだいに教皇への信仰的服従と国王への政治的・国民的忠誠を区別するようになっていった。

　一方、プロテスタントの中でもカルヴァン主義の影響を強く受けた人々は、聖書主義に基づく宗教改革を徹底し、カトリックの残滓（ざんし）を排除して教会を清浄化することを強く求めていた。彼らはピューリタン（清教徒）と呼ばれたが、当初それは外部の人々から侮蔑的な意味を込めて名づけられたものであった。ピューリタンは単一の教派的存在ではなく、聖書主義の強調においては共通するものの、教会政治の形態や礼拝の実践などについてはさまざまな見解を持つ諸集団を含んでいた。すなわち教会政治の形態

についていえば、カトリックや英国国教会やルター派に見られる**監督制**
（**主教制、司教制**）、カルヴァンなど改革派の**長老制**、そして後述する**会衆制**
といったものがあり、すべてのピューリタンが必ずしも長老制を望んでい
たわけではなかった。

　1570年代になると、ピューリタンたちは国教会の体制そのものに批判
を浴びせるようになっていった。すなわちケンブリッジ大学教授**トマ
ス・カートライト**（1535 〜 1603年）などを中心に、国教会の主教制を廃止
し、ジュネーブで行われていたような長老制の導入を求める人々が現れ始
めた。ケンブリッジ大学はやがてピューリタン系の人々の牙城というべき
位置を占めるようになり、多くの神学者や聖職者を輩出することになった。
ピューリタン文学としてよく知られる『**失楽園**』の著者**ジョン・ミルトン**
（1608 〜 1674年）もこの大学の出身である。

　ピューリタンに対しエリザベス１世は「統一法」に「従う(コンフォーム)」ことを要

コラム㊽　ピューリタン運動の本質

　社会的政治的な歴史の上では政教分離や信教の自由との関わりで語られるこ
との多いピューリタンだが、藤代泰三によれば、「すべてのピューリタン運動に
共通する本質は、神への畏れと敬虔である。これらは教会における悔い改め、
回心、訓練となり、また家庭礼拝、青少年指導、道徳生活の向上への熱望となっ
た」と記している（『キリスト教史』305頁）。ピューリタンが求めたことは、回心と
新生という体験のもとで自覚的な信仰と良心に立ち、神の栄光のために、また
隣人のために、正しく倫理的な生涯を送ることであった。そのためにこそピュー
リタンは熱心に聖書を読み、礼拝と祈りを通して信仰の養いにあずかることを
熱望したのである。ピューリタンが個々人の人生と生活を数々の困難や試練を
乗り越えて神のもとに向かって歩む巡礼として捉えていたことを、ピューリタ
ン文学の代表的作品とされる**ジョン・バニヤン**（1628 〜 1688年）の『**天路歴程**』
ははっきりと示している。

求したが、これを受け入れない「**ノン・コンフォーミスト**」と呼ばれる聖職者たちも現れるようになった。ピューリタンに同情的だった**エドマンド・グリンダル**がカンタベリー大主教（在位1577〜1583年）になるとピューリタンの運動はさらに活発になり、説教や詩編歌を重んじる改革派的な礼拝やカルヴァンの作った信仰問答の学びを実践する教会、また小グループによる聖書の学習会などが行われるようになっていった。女王はこうした動きを禁じようとしたが、グリンダルが従わなかったため、彼は職務停止と謹慎を命じられた。このようにしてピューリタンの運動は国教会との間に緊張状態を生じさせたが、エリザベスの時代にはまだしも両者の問題は露骨な政治的問題として顕在化するにはいたらなかった。

〔会衆派とバプテスト派〕

ピューリタンの運動はもともと国教会の改革運動として始まったが、後には国教会内部に留まった**非分離派**と外部に出て行った**分離派**に分かれていった。

ピューリタンの中の「分離派の父」というべき存在であり、後に**会衆派**（組合派、独立派）と呼ばれるようになった教派の開祖となった**ロバート・ブラウン**（1550〜1633年）は、1581年、ノーリッジに国教会から独立した教会を創設した。この教会は長老制ではなく会衆制（会衆主義）と呼ばれる制度を採用した。会衆制とは各個教会の独立・自治を尊重し、個々の教会はそこに属している会衆（信徒）の自覚的な信仰と総意によって形成・運営されるべきであるとする教会政治の形態を意味する。このことで訴えられて逮捕されたブラウンは、釈放後、オランダに渡り、『何者にも期待しないで行われるべき宗教改革』（1582年）を出版した。ブラウンはこの文書の中で、国家と宗教の完全な分離、聖職者は為政者に期待することなく宗教改革に取り組むべきこと、真の教会は真の信仰者たちによってのみ構成されるべきことなどを主張した。ブラウン自身は後にイングランドに

戻って国教会の司祭に復帰したが、彼の主張はピューリタンの中に浸透していった。

1592年、分離派の教会がロンドンに設立されたが、翌年、その指導者たちが処刑され、「扇動的分派規制法」（1593年）が施行されたため、この教会の残された信徒の多くはアムステルダムに逃れることになった。分離派の牧師**ジョン・ロビンソン**（1575？～1625年）も会衆主義に立ってロンドン北東のスクルービで活動したが、1608年に信徒とともにオランダに亡命した。彼の教会のメンバーの一部は後にアメリカへ移住し、ピルグリム・ファーザーズと呼ばれるようになった（第19章参照）。

分離派から生まれたもうひとつの教派として**バプテスト派**が挙げられ

コラム(59)　アルミニウス主義

アルミニウス主義とは、オランダの神学者でライデン大学で教えた**ヤーコブ・アルミニウス**（1560～1609年）に由来する人間の救いに関する神学的主張である。彼は改革派に属していたが信条の強制や国教会体制を批判し、とくにカルヴァン的な予定説（二重予定）と恩恵論（不可抗的恩恵）に否定的であった。アルミニウスは（しばしば誤解されるが）単純な万人救済説を説いたわけではなく、カルヴァンが救いにおける神の側の一方的な働きを主張したのに対して、人間の全的堕落やキリストによる贖罪の必然性などを認めつつも、人間の側からの部分的な協働の可能性を示唆したのである。アルミニウスの死後、彼の説に同調した人々はオランダ国会に『抗議書』を提出し、神の恩恵の普遍性と人間の意志の自由を強調した。オランダの公認教会であった改革派教会は**ドルト**（ドルトレヒト）**会議**（1618～1619年）を開催して、この問題を取りあげたが、結局、カルヴァン主義に立つ**「ドルト信仰基準」**（ドルト信条）を採択して、アルミニウス主義者を教会から追放した。その後、アルミウス主義はイングランドにおいて受容され、バプテスト派の他にも18世紀にはメソジスト運動に影響を与え、さらに19世紀にホーリネス系の諸教派、20世紀になるとペンテコステ系の諸教派に受け入れられるようになった。

る。国教会の司祭**ジョン・スマイス**（？〜1612年）は国教会を批判したために オランダに追放され、アムステルダムで1609年に最初のバプテスト派の教会を建設した。この教派も会衆制に立っていたが、幼児洗礼を認めず、個々人の信仰的自覚を前提とした洗礼と教会形成を主張した。スマイスは再洗礼派の流れを汲むメノナイト派から影響を受けたともいわれている。この教会のメンバーでイングランドに戻った人々によって、1612年にロンドンに教会が建てられ、ここから多くのバプテスト派の教会が生まれた。後にバプテスト派は聖書に基づいて、全身を水に浸す**浸礼**形式の洗礼を実践するようになった。最初のバプテスト派はキリストの贖罪を信じるすべての人が救われるとする**アルミニウス主義**に立つ**ジェネラル・バプテスト（一般バプテスト派）**であったが、1633年には、あらかじめ定められた人々にのみキリストの贖罪は与えられるとするカルヴァン主義の予定論に立つ**パティキュラー・バプテスト（特定バプテスト派）**が登場した。

（3）ピューリタン革命から名誉革命まで

〔ジェームズ1世の時代とピューリタン〕

エリザベス1世には子どもがなかったために、1603年に彼女が死去するとチューダー王朝は断絶した。新たにイングランド王として即位したのは**ジェームズ1世**（在位1603〜1625年）である（スチュアート朝の始まり）。ジェームズはエリザベスの時代に処刑されたかつてのスコットランド女王メアリーの息子で、生後まもなくスコットランド王となり、ジェームズ6世（スコットランド王在位1567〜1625年）を称していた人物であった。

イングランドの宗教勢力はそれぞれの思惑からジェームズ1世の登場に大きな期待を寄せた。すなわち、「国教会派は、彼が自らの王権保持のためにスコットランドの長老主義体制にはむしろ敵対していたとの理由で、ピューリタン派は、スコットランドの長老主義体制と彼が受けた長老主

の教育を理由に、そしてカトリック派は、彼がカトリックの家柄であるとの理由で、三派夫々が彼に希望をつないだ」（菊池榮三、菊池伸二『キリスト教史』326頁）のである。1603年、ジェームズがスコットランドからロンドンに向かう途中、**千人誓願**と呼ばれるピューリタンによる国王への誓願運動が起こった。その内容は礼拝の内容や聖職者に関する規定などに関わるものであったが、王はこれらの願いのほとんどを退けた。ただしこの誓願の中にあった聖書の新しい英語訳の要請は認められ、1611年にいわゆる『**欽定訳聖書**』（*the Authorised Version, the King James Version*）として公刊された。その英文は格調の高い名訳とされており、英語圏における重要な文学的遺産となった。

　ジェームズ1世は国教会の主教制を自己の権力基盤のひとつとするために「主教なくして国王なし」を掲げ、反ピューリタン色の強い教会政策を行った。また王権神授説の信奉者であった王は、議会を無視して専制的な支配を行おうとした。こうした態度に失望したプロテスタントの中から先述した会衆派やバプテスト派の他にも数多くの分派が生まれ、一説によればその数は200以上にも達したという。

〔ピューリタン革命とウェストミンスター会議〕

　ジェームズ1世の後を継いだ**チャールズ1世**（在位1625～1649年）は、父と同じく王権神授説に立って専制的な政治を行ったために、国民や議会との関係は悪化した。1629年、王は議会を解散させ、政府や教会に対する批判は封じられた。チャールズ1世を宗教政策の面で支えたのが、カンタベリー大主教**ウィリアム・ロード**（1573～1645年）である。ロードはカルヴァン主義に反対し、主教制の強化をはかるとともに礼拝などに多くのカトリック的要素を取り入れた。こうした状況に失望したピューリタンたちの中には北米大陸へ移住する人々が増加し、1640年までに2万人を超えるピューリタンがイングランドを去った。

　チャールズ1世は父親が始めたイングランドとスコットランドの教会の統一をはかるという政策を引き継いだ。大主教ロードは1637年に『祈禱書』の使用を長老派のスコットランド教会に強制したが、これが契機となってスコットランドに暴動が発生した。チャールズ1世は戦費をまかなうために、11年ぶりに議会（「短期議会」1640年、「長期議会」1640〜1653年）を招集したところ、議会はピューリタン勢力と結びついて国王の専政や主教制を批判する場となり、大主教ロードも投獄されて後に処刑された。議会派と王党派の対立は激化し、1642年8月、ついに両派は内戦に突入した。

　議会派はピューリタンであり下院議員だった**オリヴァー・クロムウェル**（1599〜1658年）が鉄騎隊を率いて王党派を圧倒した。チャールズ1世は1648年11月に議会派の軍隊に捕らえられ、大逆罪のかどで翌年1月に斬首された。こうしてイングランドは共和政に移行することとなった（**ピューリタン革命**）。

　この時期のピューリタンたちの集団と社会層の関係について触れておくと、まず長老派には比較的富裕な商人たちが多く含まれていた。独立派（会衆派）には地主や自営農民が多く、また水平派（平等派、レヴェラーズ）と呼ばれた急進的なグループには一般兵士などが数多く含まれ、財産や参政権の平等を求めていた。

　宗教政策に関していえば、議会は国教会を改革するために、内戦勃発の直後に早くも**ウェストミンスター神学者会議**（1643〜1653年）を開催した。この会議は教皇制や主教制を排除し、新たな教会の制度と信仰告白を作成するために開かれたもので、150名あまりの代表の多数をピューリタンが占めた。会議ではしばしば長老派と独立派の間に論争が生じたが、今日でも改革派系の教理に関して重要な意義を持つ「**ウェストミンスター信仰告白**」をはじめ、「**大教理問答**」「**小教理問答**」「**礼拝指針**」が作成され、1648年に議会で承認を受けた。議会は教会政治に関して長老制を採ることを1644年に決定しており、内乱と会議の進行中にも英国国教会の主教制の

81

解体が進められていった。

　国王の処刑後、イングランドには**共和政**が敷かれたが（1649～1660年）、実権を握ったのはクロムウェルであった。彼は1649年にアイルランドで起きた新政府に反対するカトリックの反乱を鎮圧し、翌年にはチャールズ1世の息子であるチャールズ2世を保護したスコットランドにも侵攻したため、チャールズ2世は大陸に亡命した。1653年にクロムウェルは**護国卿**となり、議会を解散して独裁的な体制を確立した。彼の宗教政策は比較的寛容なものであったが、政治・経済の面では必ずしも安定した体制を築くにはいたらなかった。その結果、1658年にクロムウェルが死ぬと、その息子リチャードが護国卿となったが、周囲の不満を抑えることができず、翌年、その職を辞任することになった。

〔王政復古と名誉革命〕

　1660年、議会の承認の下で、亡命していた**チャールズ2世**（在位1660～1685年）が帰国して国王に即位した（**王政復古**）。それとともに主教制に基づく国教会が復活し、ピューリタンに対する反動が生じた。1662年に新しい「礼拝統一法」によって『祈禱書』の使用が強制されたのをはじめとして、一連の法律によって国教徒と非国教徒を厳しく弁別する政策が採られることになった。

　チャールズ2世はカトリックに共感を持っており、死の直前にカトリック信仰を告白した。その後を継いだ彼の弟である**ジェームズ2世**（在位1685～1688年）は明らかなカトリック教徒であった。こうした国王への警戒から議会は「審査律」（1673年）を定め、文官や軍人に国教会への忠誠を誓うことを求めた。しかしジェームズ2世はカトリックへ回帰することをもくろみ、カトリック教徒を政府や軍の要職に就けたり、カトリックの容認を意図して「信仰寛容宣言」（1687年）を行うなどの専横な行動をとったために、ピューリタンのみならず国教会の主教たちから、さらには議会と

コラム⑩　フォックスとクエーカー

　イングランドの宗教的社会的な激動期である17世紀に生まれた特異なキリスト教の一派が**ジョージ・フォックス**（1624〜1691年）を開祖とする**クエーカー（キリスト友会、フレンド派）**である。フォックスは織物商の家に生まれ、教育には恵まれなかったが、長年にわたる精神的・霊的な遍歴の後、聖書や信条によってではなく、魂に直接語りかける神の声や**「内なる光」**の啓示に接し、既存の教会を離れて独自の宗教活動を始めた。フォックスは彼らの集いを「友の会」と名づけ、外面的な礼拝儀式をすべて除き、活発な宣教活動を行った。フォックスをはじめ、初期のクエーカーは投獄などの迫害をしばしばこうむったが、徐々に組織や教義を整えて成長していった。「クエーカー」（震える人々）とはこの会のメンバーが霊的な興奮状態に陥った姿に対して外部の人々が揶揄を込めてつけた蔑称である。「伝道活動の結果、1650年代には彼〔フォックス〕の教えに共感する人々の集会がイギリス全土に広がっていった。フォックスは、イギリス国教会が、典礼や職制といった形式的なことばかりにこだわるのを批判した。そのためイギリス国教会は、フォックスやクエーカーに対する迫害の手をゆるめなかった。この迫害は、1689年5月にイギリス議会が寛容令を出すまで続いた。その間、5000人にも及ぶクエーカーが投獄され、その一割が獄中で亡くなっている。フォックス自身、生涯8度投獄され、計6年に及ぶ獄中生活を送っている。」
（大宮有博『アメリカのキリスト教がわかる』34頁）

　国民からも大きな反感を買うことになった。
　1688年、議会はジェームズ2世を追放し、翌年、新たな国王としてオランダからオランイェ公ウィレム（ウィリアム3世、在位1689〜1701年）とその妻メアリー（メアリー2世／ジェームズ2世の娘、在位1689〜1692年）を共同主権者として迎え入れた（**名誉革命**）。
　新国王はただちに**「権利章典」**を制定してイングランドの立憲政治の基礎を確立するとともに、同年に**「信仰寛容令」**が公布された。この「信仰寛容令」は国教会を優先してはいたものの、それまでの寛容政策の中では

もっとも優れたものであるとされ、非国教徒にも信仰の自由を認めた（カトリックを除く）。またスコットランドにおける長老派の国教会も承認された。これ以降、英国国教会においてはエリザベス1世の時代に公布された「39箇条」に基づく宗教的寛容政策が基本的な流れとして定着していくことになった。

　名誉革命はイングランドにおける絶対王政の時代を終息させるとともに、国家と教会の分離を促す重大な契機となった。多くの人々は宗教的な抗争に倦み疲れ、哲学者ジョン・ロックは、『寛容についての書簡』において「信教の自由」と「政教分離」について論じ、たとえ国王であっても宗教的理由によって人々の世俗的な権利や財産を奪ってはならないと主張し、名誉革命を擁護する立場をとった（ロックの寛容論については第20章参照）。

〔第16章の主な参考文献〕

G・R・エルトン『宗教改革の時代』（みすず書房、1973年）

G・S・サンシャイン『はじめての宗教改革』（教文館、2015年）

塚田理『イングランドの宗教』（教文館、2004年）

藤本満『シリーズ　わたしたちと宗教改革　第1巻　歴史』

（日本キリスト教団出版局、2017年）

R・H・ベイントン『宗教改革史』（新教出版社、1966年）

森田安一、他『原典宗教改革史』（ヨルダン社、1976年）

『宗教改革著作集』（第11〜12巻、教文館）

第17章　カトリック改革と世界宣教

　16世紀にはカトリック教会も大きな変革を遂げることとなった。本章では、中世以来の改革の総決算として、またプロテスタントに対する応答として開かれたトリエント公会議の背景と内容を概観し、さらに改革の実践と世界宣教を担ったイエズス会とイグナティウス・ロヨラについて取りあげる。さらに新大陸（中南米）におけるカトリックの宣教と先住民保護のために力を尽くした修道士ラス・カサスの活動を概説する。

（1）カトリック改革とトリエント公会議

〔宗教改革とカトリック改革〕

　従来、宗教改革という言葉はほとんどプロテスタントの宗教改革という意味で用いられてきた。これに対するカトリックの改革努力は**反宗教改革**あるいは**対抗宗教改革**と呼ばれることが多かった。たしかにトリエント公会議に代表される16世紀のカトリックの活動は、プロテスタント諸教派に対する反発としての応答的な意味合いが強かったことは否定できない。しかしより大きな視野に立つなら、カトリック教会の改革とは少なくとも中世後期以降の長い歴史的経過のもとで展開してきたものであり、視点を変えるならばルターをはじめとする改革者たちの働きもこうしたカトリック改革の流れの中から派生したものだったといえるのである。

　この時代の改革によってカトリックが打ち出した決定は、教理・制度・典礼（礼拝）など、多くの面においてプロテスタントとは異なるものであり、むしろ対立的なものであった。しかしそれはカトリック教会の再生と活性化に寄与し、ヨーロッパにおける失地回復に繋がったばかりでなく、世界宣教というかつてなかった大事業に結びつくことになった。そしてそれは近世以降のカトリック教会の基礎を固めるものとなり、20世紀半ば

コラム61　「下からの改革」について

中世後期から求められてきたカトリック改革は、教皇庁の大分裂（シスマ）や公会議運動の挫折の後もいろいろなかたちで継続された。スペインのように国王主導の教会改革というトップダウンで推進された場合もあったが（上巻・第13章参照）、聖職者や修道士、そして一般の信徒を含む**「下からの改革」**を求める運動も存在した。こうした「下からの改革」の事例としては、13世紀に起こった**ベギン会**の活動、14世紀に**フローテ**（1340～1384年）がネーデルランドで広めた**「新しい信心」**（devotio moderuna）、さらに兄弟会や信心会のような在俗の信徒たちの運動、改革の必要を痛感した一部の聖職者たちによる司教区や修道院の改革運動、ドミニコ会やフランシスコ会などの新たな托鉢修道会の創設、修道士**サヴォナローラ**（1452～1498年）によるフィレンツェの刷新運動、さらにイングランドにおけるウィクリフやボヘミアにおけるフスの運動も、その中に含めることができるだろう。神秘的思想家の**シエナのカタリナ**（1347～1380年）の著作や**トマス・ア・ケンピス**（1380？～1471年）の著作とされる**『キリストにならいて』**（イミタチオ・クリスティ）などの信仰的な修養書も中世後期には広く影響を及ぼした。さらにいえばエラスムスのような人文主義者たちの中にも教会の堕落や問題を指摘し、その改革を求めた人々が存在した。また16世紀に**カルメル会**（女子修道会）を刷新したことで知られる神秘家**アビラのテレサ**（1515～1582年）の活動やロヨラによるイエズス会の設立もこうした「下からの改革」の延長上にあるものとして位置づけることができよう。

にいたるまでのおよそ400年間にわたってカトリックの歩む方向性を定めるものとなったのである。

〔トリエント公会議〕

1545～1563年に開催された**トリエント公会議**は、プロテスタントの挑戦に対するカトリックの回答であるとともに、中世以来のカトリック改革の頂点となる出来事であった。この会議では、カトリックの教義や規律、

教会制度と聖職者のあり方、信徒への司牧など、およそあらゆる重要事項が取りあげられ、それまでカトリック教会が抱えてきたさまざまな課題に対する総決算ともいうべき決定が行われた。高柳俊一によれば、トリエント公会議は宗教改革後の近世から近代につづくカトリック教会の新たな体制を生み出し、それは「プロテスタンティズムと明確に一線を画した教義体系と統一的信仰基準をもった強固な信仰圏を形成し、西ヨーロッパにおける一つの政治的・文化的勢力圏に成長していく」(『キリスト教の歴史2』10頁) ための道筋をつけることになったのである。

公会議は教皇**パウルス3世** (在位1534〜1549年) の時代に始まり、3期に分かれ、前後18年にわたって継続した。その第1期 (1545〜1547年) はトリエント (トレント) とボローニャで、第2期 (1551〜1552年) は教皇ユリウス3世 (在位1550〜55年) のもとで、そして第3期 (1562〜1563年) は教皇ピウス3世 (在位1559〜1565年) のもとで、いずれもトリエントで行われた。パウルス3世は神聖ローマ帝国皇帝カール5世の強い要請を受け入れるかたちで、この会議を開催する勅書を発した。皇帝の思惑は、当時、中欧にまで進出してきたイスラム勢力 (オスマン帝国) に対抗する必要からも、キリスト教界の統一を回復することにあった。他方、教皇はこの会議を通じてカトリック教会の正統性を確立し、プロテスタント勢力に対抗することを意図していた。

トリエント公会議において、カトリック教会はまず中世以来の伝統的な教義の確認・確定を行った。その主な内容は以下の通りである。すなわち聖書と聖伝 (伝承、伝統) を等しく真理の源泉として認める (プロテスタントは「聖書のみ」を権威として認めた)。ウルガタ (ヒエロニムスによるラテン語訳聖書) の権威を確認し、教会のみが聖書解釈の権威を有することを承認。「義化／成義」(プロテスタントの「義認」) についていえば、人間の意志は神の恩恵と協働するものであり、それゆえに人間は何らかの功徳を積む可能性を有することを確認 (「信仰義認」への反対)。サクラメントは7つ (洗

礼、堅信、聖餐、告解、婚姻、終油、叙階）であることを確認し（プロテスタント
は洗礼と聖餐の２つに限定）、ミサにおける実体変化説を承認した。また煉獄
説、聖人や聖遺物の崇敬も承認された。宗教改革のきっかけともなった贖
宥（状）については、贖宥や免償という理念は保持されたが、金銭による
売買は禁じられた。

　教会の組織や制度の改革に関していうと、中世以来の弊害であった、聖
職者が複数の司教区などを兼任することを禁じ、司教は自分の司教区に定
住することを定めた。また教会会議の定例化や司教座聖堂参事会の改革な
どが行われた。すべての司教区に神学校（セミナリオ）が置かれ、聖職者の
教育と資質の改善に力を入れることになった。さらに信仰教育を充実させ
るためのカテキズム（教理問答、公共要理）の出版、典礼（礼拝）に関する文
書の作成が決定され、これらは皆、教皇の権威のもとに置かれることがら
となった。

　この会議を通して、カトリック教会は改めて自己の存在を再確認し、新
たな歩みを進める基礎を定めることとなった。しかしながらある面におい
て、この改革の中にはプロテスタントに対する必要以上の反発と反動から
生まれたと思われる決定も少なくはない。たとえばカトリックが聖職者と
信徒の立場を峻別し、（プロテスタントが全信徒祭司制において主張したような）
教会や信仰生活における信徒の参与を十分に取りあげなかったこと、とり
わけ信仰生活の核となる典礼（礼拝）が聖職者中心の活動に留まったこと
は、大きな課題を残すことになった。ゴンサレスは、「この反動はあまり
にも大きかったので、以後四世紀間、ローマ・カトリック教会は、キリス
ト教伝統に深く根ざしたプロテスタント宗教改革の要求さえ、トリエント
公会議が拒否したという理由で容認するのを拒んできた」（『キリスト教史
（下）』126頁）と述べている。カトリック教会がプロテスタントの主張と正
面から向き合い、自らの改革をさらに包括的かつ積極的に推進するために
は20世紀の第２バチカン公会議を俟たねばならなかったのである。

〔トリエント公会議後のカトリック教会〕

　トリエント公会議の後、改革を推進する教皇たちは、公会議の決議の遵守を教会に呼びかけ、その実践に努めた。歴代の教皇は教皇庁への権力集中をはかるとともに、プロテスタントに対する論争と失地回復に乗り出した。この時代の改革を進めた教皇たちの主な活動をまとめてみよう。

　ピウス４世（在位1559〜1565年）は公会議の決定を勅令として布告し（いわゆる「トリエント信仰宣言」）、聖職者たちにこれを告白することを求めた。

　ピウス５世（在位1566〜1572年）は公会議で決定された典礼や聖務日課、そして教理教育の刷新のための文書を公刊し、同じくその決定に従って国際的な司教会議を開催した。エリザベス１世を破門するなどプロテスタントや異端に対して厳しい態度で臨み、カトリックの失地回復に努めた。

　グレゴリウス13世（在位1572〜1585年）も公会議の決定に従って改革を推し進め、教会法の改訂事業を完成させて『**教会法大全**』（1582年）を刊行した。イエズス会の教育事業を支援して、聖職者養成のために多くの神学校を設立させた。この教皇は日本の天正遣欧使節を謁見し、また従来のユリウス暦を修正した**グレゴリウス暦**を制定（1582年）したことでも知られている。

　シクストゥス５世（在位1585〜1590年）は本格的な教皇庁の改革を行い、15の聖省を設けて、各省の働きを枢機卿たちに担当させた。また世界中の司教がローマを定期的に訪問し報告することを義務づけた**アド・リミナ**と呼ばれる制度を作り、教皇を中心とする統治体制の確立をはかった。

　グレゴリウス15世（在位1621〜1623年）はカトリックの海外宣教を統轄する常設の組織として**布教聖省**（現・福音聖省）を設立し、それまで存在した個々の宣教会と世俗の権力との過度の密着による弊害を是正するとともに、現地人の聖職者の養成などを試みた。

　こうした歴代の教皇に象徴される活動を通して、カトリックはヨーロッ

パでプロテスタントに奪われた失地を大きく回復することに成功し、さらには新しく海外の広大な領域における宣教活動を展開していくことになったのである。

（2）イグナティウス・ロヨラとイエズス会

〔ロヨラの生涯〕

　トリエント公会議において決定されたカトリック改革の理念を体現し、その実際の働きを担ったのは数々の修道会であった。その中でももっとも重要な位置を占めたのが、この時代に誕生したイエズス会であり、その創設者のロヨラであった。

　イグナティウス・ロヨラ（イニゴ・ロペス・デ・レカルデ、1491～1556年）はスペイン北部のバスク地方において貴族の子として生まれた。「イグナティウス」は古代の教父アンティオキアのイグナティオスにちなんで、後に彼自身が選んだ名前である。ロヨラは軍人としての出世を望んでいたが、1521年、パンプローナにおけるフランス軍との戦いで足に重傷を負い、帰郷して静養することになった。この間に彼はキリストや聖人の伝記を読んで回心し、「キリストの騎士」として生きることを決意した。この時期、ロヨラは御子イエスを抱く聖母マリアを見るという神秘的な幻視体験を経験したという。

　その後、ロヨラは修道士の道を歩み始めたが、当初、彼は深い罪意識に包まれ、精神の平安を得ることができずに苦しんだ。この点について、ゴンサレスはロヨラの信仰的苦悩をルターのそれと比較しつつ、両者の経験が驚くほど一致するものだったことを指摘している（『キリスト教史（下）』121頁以下）。ロヨラは自伝の中で、自分では十全な熱心さで告解を行ったにもかかわらず、「何か重大なことを告解しなかったのではないかと、たびたび思われた。そのことがかれ〔ロヨラのこと〕の心に大変大きな苦

悩を与えた」と述べている（『ある巡礼者の物語　イグナチオ・デ・ロヨラ自叙伝』56頁／この自伝の中でロヨラは自分のことを3人称で記している）。彼はマンレサという村で一年近くに及ぶ祈りと苦行、内的苦悩や神秘的体験を経て、神の恵みと救いの確信を得るにいたった。ロヨラ自身の記すところでは、「ちょうどそのとき、かれがあたかも夢から覚めるように目覚めることを、主は望まれた。（中略）その日から以後、あの疑惑から自由に解放された。そして、われらの主が慈しみをもって彼を救い出してくださったことは間違いないと、彼は確信した」（前掲書62頁）という。もろもろの人間的な努力の限界を痛感し、最後に神の一方的な恩恵によって救いの確信に達するという経験は、たしかにロヨラとルターに共通するものであったといえよう。ただしここから先の歩みにおいて両者はまったく別々の道を進むことになったのである。

　ロヨラはイスラムの人々への宣教を自らの使命と信じ、1523年にエルサレムに赴いた。しかし彼が騒動を引き起こすことを警戒したフランシスコ会の修道士たちによって追い返されてしまった。その後、学業の不足を痛感したロヨラは、バルセロナ、アルカラ、サラマンカ、パリの諸大学において10年余りにわたって学びの日々を送った。

　パリで神学を学んでいる時、1534年8月15日（マリア被昇天の祝日）、ロヨラはモンマルトルの聖堂で、学友の中から得た6人の同志とともに、清貧、貞潔、聖地巡礼の誓願を立て、ここに異教徒への宣教を目的とする新しい修道会が誕生することとなった。その中には次章で取りあげるフランシスコ・ザビエルの他に、ペトロ・ファーベル、シモン・ロドリゲス、ディエゴ・ライネス、アルフォンソ・サルメロン、ボバディリャといった人々が含まれていた。その後、1540年に教皇パウルス3世はこの会をイエズス会として正式に認可した。ロヨラはイエズス会の初代の総会長に選ばれ、ローマに留まって修道会の世界的な活動を統轄し指導することになった。

　ロヨラは肉体的な訓練としての体操になぞらえて、霊的な訓練の必要を

説き、1548年に『霊操』を著した。これはロヨラ自身の信仰経験に根ざして書かれた、神との真正の出会いにいたるための黙想・修行のテキストであり、主な内容は自己の罪を見つめること、そしてキリストの働きと受難と復活の観想から成っている。このテキストに従って行われる約4週間の修行は、イエズス会の修道士にとって必須の訓練として今日にまで受け継がれることになった。

〔イエズス会とその活動〕

　イエズス会（ジェスイット会、Societas Jesu）が目的として掲げたのは、その会員の霊的な進歩をはかるとともに、すべての人々を救いへ導くことであった。さらには説教、教育、その他のさまざまな事業を通して異端と戦い、異教徒をキリスト教信仰へと導くことをその使命としていた。

　イエズス会の最高決定機関は総会とされ、会士（会員）は教皇と総会長への絶対服従を求められた。イエズス会は中央集権的な性格の強い修道会であり、軍隊をその手本として組織されていたために、与えられた課題に対して機能的かつ機動的に対処することができた。彼らは決まった修道服を持たず、他の修道会のような定住や聖務日課の義務を負うこともなく、厳格な霊的及び知的修養を受け、それぞれの職務に柔軟に適応し活動した。こうした特性のゆえにイエズス会はこの時代のカトリック改革のさまざまな側面において指導的な位置を占めるようになり、ヨーロッパ各地において、さらにアジア、アフリカ、アメリカなどの海外宣教においても多大な働きを担うことになったのである。

　また会士の多くが高等教育を受けた学者であったことから、神学的論争においてもイエズス会は重要な役割を担った。ドイツの**ペトルス・カニシウス**（1521〜1597年）やイタリアの**ロベルト・ベラルミーノ**（1542〜1621年）のような修道士たちは、プロテスタントの挑戦に対してカトリック信仰を擁護し、敵対者に反論するうえで大いに活躍した。後者はカトリック

神学を体系化した『キリスト教信仰をめぐる論争についての討論』（1593年）を著したが、「この著作は、プロテスタント主義に対抗する議論のための古典的な資料となった。事実、今日までになされた議論の多くは、すでに彼の著作の中に含まれている」（ゴンサレス『キリスト教史（下）』119頁）という。

　特筆すべきイエズス会の活動のひとつは、この修道会が教育に大いに力を入れ、宣教した各地において中等・高等教育のための学校を設立したことである。そうした教育事業はヨーロッパでは東欧のポーランド、チェコ、ハンガリーに、さらにはロシアにまで及び、またラテンアメリカやインド、そして日本にまで及んでいる。ローマに設立された学校は優れたイエズス会士を教授陣に擁して総合大学にまで発展し、高い評価を受けるようになった。

　1556年にロヨラが亡くなった時、世界中で1000人とも1500人ともいわれるイエズス会士が活動しており、1600年にはその数は9000人に達したとされている。こうしたイエズス会の発展と活動はフランシスコ会やドミニコ会と競合しながら進められ、一時はプロテスタントの影響下にあった南ドイツやライン川に沿った地域をはじめ、フランス、ハンガリー、ポーランドなどの領域をふたたびカトリックの勢力圏に取り戻す成果を生んだ。

（3）カトリックの世界宣教とラス・カサス

〔大航海時代と植民地〕

　いわゆる**大航海時代**とは、ヨーロッパ人が15世紀から18世紀にかけて行った地球上の全域に及ぶ空間的拡大の時代のことである。その主な出来事として、コロンブスによるカリブ海諸島とアメリカ大陸の発見（1492年）、ヴァスコ・ダ・ガマによるインド洋にいたる航路の開拓（1498年）、マゼ

ランによる世界一周（1519〜1522年）、タスマンによるオーストラリア・ニュージーランドへの航海（1642〜1648年）、ベーリングによるカムチャッカ探検とアラスカ到達（1725〜1741年）、クックによる太平洋の航海（1768〜1779年）などを挙げることができる。

　このような空間的拡大の結果、ヨーロッパ人の海外進出と植民地の獲得、そして新たな貿易ルートの開発が実現し、世界各地に著しい変化と問題を引き起こすことになった。「たとえば、新大陸に進出したスペイン人がもちこんだ伝染性の病原菌によって、ペルーやメキシコでは先住民の多くが命を失った。（中略）病死や逃亡によって先住民の人口が減少した地域では、アフリカから連れてこられた黒人奴隷が、鉱山やプランテーションの労働力として利用された。」（小山哲・他、編著『大学で学ぶ西洋史　近現代』15頁）

　16世紀後半から18世紀にかけて起こった人口移動についていえば、ヨーロッパからアメリカに渡った人数よりも、アフリカからアメリカに移された人々の方がはるかに多かった。一説によれば、前者がおよそ200万人以下だったのに対し、後者は400〜700万人に達したといい、さらに多くの数字を挙げる研究者もいる（コラム⑥⑨参照）。アフリカからの人口移動の実態は奴隷貿易による強制的な移送であったから、ヨーロッパ人の進出はアフリカとアメリカの両大陸の社会構造に未曾有の変化を引き起こす結果を生むことになったのである。

　この時代のヨーロッパ人の海外進出の先駆けとなったのがスペインとポルトガルであった。両国はいずれもカトリック国だったので、それはカトリック教会に世界宣教というかつてない新たな課題と可能性をもたらすことになった。

　ポルトガルはスペインよりも早く、アフリカそしてインドへの貿易ルートの開拓に乗り出した。15世紀前半の航海王子エンリケによるアフリカ西海岸の探検と各地への進出に始まり、ポルトガルは16世紀には東アフリカ、インド（ゴア）、さらにインドシナ半島（マラッカ）、中国（マカオ）へと拠点

を展開していった。1455年に教皇はポルトガル国王に勅書を発し、ポルトガルがすでに発見した地域、また今後発見するであろう地域に対する所有権を認めるとともに、その地における聖職叙任権を与えたが、これは後の布教保護権の原型となった。

　布教保護権（patoronatio real）とは教皇が世俗の支配者に与えた特権で、この場合、ポルトガルやスペインの君主に対して新たな植民地でのカトリック信仰の布教の協力と聖職者への経済的な支援を課す代わりに、植民地における司教区の設置や司教の選任（指名推選）などの権利を委ねるというものである。国王には教会税や教会を運営する経費を管理する権限も与えられた。これによってカトリック教会は世界宣教のための有力な基盤を確保するとともに、スペインとポルトガルは教会の権威によって海外進出と植民地支配を正当化するお墨付きを得たのである。

　スペインはフェルナンド2世とイサベル1世の同君連合によるスペイン王国の誕生の後、積極的な海外進出に乗り出していった。スペインとポルトガルの海外領土の範囲は、教皇が調停した**アルカソヴァス条約**（1479年）と**トルデシリャス条約**（1494年）によって取り決めがなされ、西経46度37分を境界として、その東側をポルトガル領、西側をスペイン領とすることで合意した。この結果、南アメリカは現在のブラジルにあたる領域を除く大半がスペインの勢力圏に置かれることとなった。1508年、教皇はアメリカに関する布教保護権をスペインに対して認めた。なお東半球に関しては**サラゴサ条約**（1529年）によって、東経133度線付近を境界として両国の勢力圏が確定された。

　スペインによる新大陸進出の尖兵となったのが、冒険的な**征服者**たちであった。彼らは国王の許可を得ると、自費で武装と私兵を整えて新大陸に渡っていった。当時のインディオの人口は5000万人と推定されているが、数百人程度の征服者たちは銃火器と騎馬の力によって現地の住民を圧倒し、各地を侵略していった。こうした征服者の中でもよく知られている

のが、メキシコの**アステカ帝国**を征服した**コルテス**（1421年）とアンデスの**インカ帝国**を征服した**ピサロ**（1433年）である。彼らは金銀などの莫大な財宝を略奪するとともに先住民を虐待し、その固有の文化を破壊した。

　やがてスペイン本国から派遣された官吏によって新大陸における行政や司法の制度が整えられるようになり、メキシコとペルーには副王領が設定された。征服地では植民者たちがインディオを酷使して農業や銀山の経営を進め、スペインは新大陸の貴金属・真珠・砂糖などによって膨大な富を得ることになった。16世紀後半の**フェリペ２世**（在位1556 ～ 1598年／神聖ローマ皇帝カール５世の息子）の時代には、太平洋航路が開かれたことによって新大陸で産出される銀によって世界経済が結ばれることとなり、スペインは世界各地に植民地を有する「太陽の沈まぬ帝国」となった。

〔**カトリックの世界宣教**〕

　こうしたスペインとポルトガルの世界進出に伴って、この時代のカトリック教会は初めて文字通りの**世界宣教**に乗り出すこととなった。ボッシュによれば、「キリスト教国が大きな驚きをもって発見したことは、キリストの教会が創始されて1500年が経って、なお何百万もの人々が救いについて何も知らず、洗礼を受けていないので、みな永遠の罰に落ちてゆく運命にあることであった」（『宣教のパラダイム転換（上）』381頁）という。このような現実認識のもとで、教皇はスペインとポルトガルの為政者たちに宣教を委託したのであり、さらにこれらの為政者たちはその実際の宣教活動をイエズス会、フランシスコ会、ドミニコ会などの修道会に委ねたのである。

　この時代の修道会の活躍は、カトリック教会にとって修道会がいかに重要な存在であるかを再確認させる機会となった。フランシスコ会やドミニコ会のような托鉢修道会は、かねてからさまざまな土地を訪れて積極的に宣教活動を展開するノウハウを蓄積しており、そうした活動や伝統が世界

宣教の次元においても大きな力を発揮した。イエズス会もまたこの時代の申し子ともいうべき存在として大いに活躍した。しかしこれらの修道会の宣教の理念や方法は必ずしも一致していたわけではなく、しばしば軋轢や問題が生じることもあった。そのため先述したように教皇庁に布教聖省が設けられ、宣教事業の全体を統轄するようになったのである。

　各地における宣教の概要を見ておこう。まずアフリカにおける宣教だが、ポルトガル国王**ジョアン３世**（在位1521～1557年）はイエズス会に好意的で、その修道士たちは貿易商人の支援を受けてアフリカ大陸の西部であるコンゴから、南端を経てマダガスカル島、そして東部のエチオピアなどで宣教を行った。

　イエズス会はアジア各地でも宣教を展開し、その足跡はトルコ、中近東、イラン、チベット、スリランカ、ミャンマー、マレー半島、インドシナ、タイ、東南アジアの諸島にまで及んでいる。1542年にはインドにおけるポルトガル植民地の拠点であるゴアに教会が建てられ、次章で取りあげるザビエルをはじめとする多くの宣教師が活動し、その宣教はさらに中国や日本にまで達した。

　中国におけるキリスト教の宣教は、７世紀頃、唐の時代にネストリウス派（景教）が伝えられていたが、それとは別に中世にはフランシスコ会修道士**モンテ・コルヴィノ**（1247～1328年）が教皇使節として中国（元朝）に赴いて宣教し、その信徒数は３万人に達したという。1582年に**ミケーレ・ルッジェリ**（1543～1607年）と**マテオ・リッチ**（利瑪竇、1552～1610年）がマカオに上陸し、同地で中国語を学んだ後、中国南部の都市を転々としながら改宗者を増やしていった。彼らは1598年に北京に到着し、1601年に明の**万暦帝**の許可を得て活発な伝道活動を展開した。17世紀後半には信徒数は15～25万人を数えた。

　東南アジアにおける宣教は困難をきわめたが、13世紀末にフランシスコ会はインドネシアにキリスト教を伝え、1530年代にはマラッカ海峡の各地

で宣教した。1580年代にフランシスコ会はベトナムで宣教を開始したが、ポルトガルのドミニコ会がこれにつづいた。またアウグスチノ会の宣教師が1565年にスペイン領フィリピンに到着し、その地の住民を改宗させている。

　アメリカ大陸に関していえば、イエズス会は、1549年、まずブラジルにおけるポルトガル植民地で活動を始めた。1568年にはすでにフランシスコ会が活動していたスペイン領アメリカにも進出し、ペルー、メキシコ、フロリダ、カリフォルニア南部にまで達した。北アメリカでは、1632年、イエズス会修道士がヌーヴェル・フランス（新フランス）と呼ばれたフランス人植民地であるケベックに学校を設立した。1634年に始まった現在の合衆国メリーランド州への植民にもイエズス会士が加わっており、開拓者たちのために働いた。後にここにはアメリカにおける最初の司教区が設立されることになった。

〔中南米における宣教とラス・カサス〕

　スペイン王イサベルとフェルナンドは新大陸発見後、現地における植民者たちの権利を制限する方策をとった。それは入植者たちが有力な領主となって本国から独立するような事態を防ぐためであったが、そうした方策はしばしば、労働力として酷使されていた**インディオ**を保護し、その搾取を規制するというかたちをとった。しかし王と入植者たちとの確執は容易に決着することなく、本国で法律が発令されても新世界では無視されるという状態が繰り返された。その結果、「スペイン人が大西洋を挟んだ両側で、どのような制度を定めるのがよいかについて協議を重ねている間に、インディオは搾取され、虐殺され続けていった」（ゴンサレス『キリスト教史（上）』406頁）のである。

　新大陸におけるスペインの植民地経営と宣教の方策として実施されたのが**エンコミエンダ制**である。この制度は1503年にスペイン王が正式に導入

ラテンアメリカの植民地地図

（フスト・ゴンサレス『キリスト教史（上）』新教出版社）

を認めたもので、「スペイン人入植者が王室の委託を受けて、先住民にキリスト教とヨーロッパ風の「よい生活習慣」を教える一方で、先住民からはその代償として労働力の提供を受ける、という、スペイン人にとってはまことに都合のよい制度」（伊藤滋子『幻の帝国　南米イエズス会士の夢と挫折』28頁）であった。すなわちそれは先に述べた布教保護権の取り決めを実質化するための制度であり、インディオを委託された人々は**エンコメンデロ**と呼ばれた。エンコメンデロにはインディオの労働に対して報酬を支払うことや祝祭日にはキリスト教信仰を教える責任などが課せられていたが、実際にはそれはインディオを非人間的な扱いの下で強制労働に服させ

る制度であり、スペインの植民地支配はこの制度によって確立されること
になった。後にラス・カサスはこの制度を「インディアス全域を根こそぎ
に破壊しつくした残虐なる疫病」と呼んだ。**インディアス**とは植民地時代
を通じて用いられたスペイン領新大陸の正式名称であり、そこにはカリブ
海域やフィリピン諸島も含まれていた。

　カトリックの宣教師たちの中にはインディオの搾取にまったく関心を寄
せない人々もいたが、他方、民衆の中で活動していた人々の中には彼らを
保護するために尽力した宣教師も存在した。最初期にこうした抗議を行っ
た人物のひとりがドミニコ会の修道士**アントニオ・モンテシーノ**（1486？
〜1530？年）である。彼は1511年にサント・ドミンゴでインディオに対す
る暴虐と殺戮という大罪を告発する説教を行って騒動を引き起こした。当
局は彼を黙らせようとしたが、ドミニコ会士たちはモンテシーノを支持し
て対抗したために、この問題はスペインの宮廷にまで達した。

　この時代にインディオ保護のために活動した人物の中でもっともよく
知られているのが**バルトロメ・デ・ラス・カサス**（1484〜1566年）である。
ラス・カサスはスペイン南部セビーリャに生まれ、1502年、2500人の植
民団のひとりとしてインディアスに渡った。インディオに対する征服戦争
や金の採鉱などに従事した後、エンコメンドロとして彼に委託されたイン
ディオを使役して開拓事業を行った。1506年から一年間、スペインに戻り、
ローマにも赴いて、翌年、司祭に叙任されている。

　1514年、キューバ島で生活していたラス・カサスは「第1回目の回心」
といわれるものを体験した。ミサの準備をしていた際、「不正の獲物を供
物にするのは、侮ることである。悪人の供物を主は受け入れない。（中略）
貧しい人は、乏しい食料に頼って生きている、彼らからそれを奪うのは殺
すことである」（旧約聖書続編『集会の書』34章）という句に心を打たれ、激
しい良心の呵責に捕らえられた。同年8月、ラス・カサスは大勢のスペイ
ン人植民者に向かって、自分に託されたインディオを解放することを公言

し、またこれまでスペイン人がインディオに行ってきた不正や蛮行、エンコミエンダ制を非難する説教を行った。

　ラス・カサスは他のドミニコ会士とともに正義を求める戦いに参加したが、現地の総督らは態度を変えなかった。彼はクマナー（現在のベネズエラ）で平和裏に福音宣教を進めようとしたものの、近隣の入植者の反対によってこの試みは失敗し、また生命の危険にまでさらされた。この失敗の後、ラス・カサスは「第2の回心」を経験する（1522年）。すなわち彼はクマナーにおける失敗を欲望に駆られた入植者たちに妥協を重ねて計画を進めたことに対する神の怒りであったと受けとめ、在俗司祭の仕事を離れてドミニコ会に入会し、数年間、修道生活と神学的研鑽を積み重ねた。

　ラス・カサスはこの時期に『布教論』（正式名称は『すべての人々を真の教えに導く唯一の方法について』全3巻）を著し、征服戦争や強制によって異教

コラム⑥　『インディアスの破壊についての簡潔な報告』から

　ラス・カサスは植民者による非道で残虐な行為とそれに伴うキリスト教の宣教がどのような結果をもたらしたかを示す一例として、『インディアスの破壊についての簡潔な報告』の中でキューバ島における次のようなエピソードを伝えている。スペイン人入植者から逃げ回っていたあるカシーケ（インディオの首領）が捕らえられた。火あぶりにされる前にフランシスコ会の聖職者が彼にキリスト教の神と信仰について説き、これを信じるなら栄光と永遠の安らぎのある天国へ召されるが、信じないならば地獄に落ちて果てしない責め苦を味わうと告げた。カシーケはキリスト教徒たちも天国へ行くのかと尋ねた。聖職者はそうだと答えた。「すると、そのカシーケは言下に言い放った。キリスト教徒たちには二度と会いたくはない。そのような残虐な人たちの顔も見たくない。いっそ天国よりも地獄へ行った方がましである、と。インディアスへ渡ったキリスト教徒たちが神とわれらの信仰のために手に入れた名声と名誉とは、実はこのようなものなのである。」（42頁）

徒をキリスト教に導くことはできないと論じ、伝道の「唯一の方法」とは、異教徒に対して平穏な状況のもとでキリスト教の教えを伝え、十分な時間をかけて彼らがその真理を理解し信じるように導くことであると説いた。「さらに、彼は古代の権威、とくに四世紀の偉大な教会博士ヨアネス＝クリソストムスを引用して、説教が成功を収めるためには、伝道師は異教徒に対する支配権を求めず、いっさいの物欲を捨て、教えを説くのに優しく、謙虚で、しかも、模範的な生活を送らねばならないと主張した。」(染田秀藤『ラス＝カサス』58頁)

　ラス・カサスはこの他にも『**インディアス文明史**』や『**インディアス史**』をはじめ数多くの著作を著したが、その中でもっともよく知られ、また大きな影響を及ぼしたのが『**インディアスの破壊についての簡潔な報告**』である。この中でラス・カサスはエスパニョーラ島、サン・フワン島、ジャマイカ島、キューバ島、さらに新大陸各地で行われたスペイン人の征服者・入植者によるインディオの虐殺・虐待について詳細に報告している。ラス・カサスはその中で、「この四〇年間にキリスト教徒たちの暴虐的で極悪無慙な所業のために男女、子供合わせて一二〇〇万人以上の人が残虐非道にも殺されたのはまったく確かなことである。それどころか、私は、一五〇〇万人以上のインディオが犠牲になったと言っても、真実間違いではないと思う」(21頁) と記している。

　ラス・カサスは新大陸における植民政策を改善させるために、その生涯において何度も大西洋を往復し、歴代の３人のスペイン国王と３人の教皇に対して働きかけた。彼の活動はヨーロッパで一定の支援を受けるようになり、スペイン国王カルロス１世 (神聖ローマ帝国皇帝カール５世のこと、スペイン王としては在位1516〜1556年) のもとで「インディアス新法」(1542年) が公布された。これはスペイン人入植者の権限を制限し、インディオの保護に重点を置いた法令だったが、現地ではほとんど無視された。

　ラス・カサスは1544年からメキシコ南部のチャパスにおける司教に任じ

られた。赴任直後から「新法」の実施やインディオの解放を要求したラ

コラム㊷　イエズス会の「教化村」

　宣教師たちは入植者たちの暴虐からインディオを保護しキリスト教を伝える
ための**教化村**（レドゥクシオン、原意は「基準」）を各地に作っていった。とりわけ
フランシスコ会とイエズス会は、インディオが共同生活を送りながら、信仰と
ともに農業技術などを学ぶこうしたやり方に熱心に取り組んだ。しかし入植者
の多くはこれに反対したり妨害する立場をとった。イエズス会はこうした干渉
を避けるために、1609年以降、南米の奥地ラプラタ地方（現在のパラグアイ）に入
り込んで、いくつもの教化村を建設した。それぞれの集落には教会と広場を中
心に住宅や各種の倉庫が建設され、住民は農地や家畜などの大部分を共有財産
とし、農作業の他にもいろいろな技術の習得や文化的な活動が行われた。イン
ディオは自分たちの中から指導者を選んだが、最終的な権威は宣教師であり、
一種の神政政治が行われていた。入植者たちはやがてこの地方にまで手を伸ば
すようになり、村々を襲撃し、インディオを奴隷化するようになった。イエズ
ス会はインディオを武装させ、植民者たちの攻撃から村を自衛する策を採った。
こうして「一七三一年までには、十四万人以上ものインディオが各地のイエズ
ス会の共同体で暮らすようになった」（ゴンサレス『キリスト教史（上）』425頁）とい
う。植民者たちによるイエズス会への誹謗中傷はその後もつづき、他方、ヨーロッ
パでは世界宣教や教皇庁において強大な勢力となりすぎたイエズス会に対する
反発が強まっていった。1767年にスペイン国王がすべてのスペイン植民地から
イエズス会を追放することを命じたため、南米からもイエズス会の修道士は去っ
ていった。指導者を失った教化村は衰退し、やがて共同体は崩壊していった。
イエズス会はポルトガル領のブラジルでもこうした教化村によるインディオの
保護に積極的に取り組んだ。その活動範囲は「一八世紀までには北はアマゾン
川流域から南はパラナ川流域の奥地にまで広がっていた。」（国本伊代『概説ラテン
アメリカ史』104頁）。しかし彼らも絶対王権をめざすポルトガル王と対立し、1759
年にブラジル植民地から追放されることとなった（教化村の詳細については、伊藤滋
子『幻の帝国　南米イエズス会士の夢と挫折』参照）。

ス・カサスたちは現地の植民者と激しく対立し、また現地の役人たちも非協力的であった。1546年にメキシコ市で開催された司教会議はインディオを保護する決議を行ったが、ラス・カサスはその内容を不十分であるとして、さらに徹底した変革を求めた。翌年、ラス・カサスはスペインに帰国し、宮廷に働きかける一方、インディオに対する征服戦争や支配を正当化しようとする学者と論争を行ったり、エンコミエンダ制の世襲化をもくろむ勢力の意図を阻止するために活動をつづけ、1560年にマドリードで亡くなった。

〔第17章の主な参考文献〕

『ある巡礼者の物語　イグナチオ・デ・ロヨラ自叙伝』（岩波文庫、2000年）

伊藤滋子『幻の帝国　南米イエズス会士の夢と挫折』（同成社、2001年）

Ｌ・Ｓ・カニンガム『カトリック入門』（教文館、2013年）

国本伊代『概説ラテンアメリカ史』（新評論、2001年）

染田秀藤『ラス＝カサス』（清水書院、1997年）

百瀬文晃監修『図説ローマ・カトリック教会の歴史』（創元社、2007年）

ラス・カサス『インディアスの破壊についての簡潔な報告』（岩波文庫、1976年）

第18章　日本とキリスト教の出会い

　16世紀のカトリック教会による世界宣教はアジアにまで及び、その流れのもとで初めて日本にキリスト教が伝えられた。本章では「東洋の使徒」と呼ばれるザビエルの生涯と宣教活動を概説し、16世紀の日本におけるキリスト教の受容と展開、さらにその後のキリシタン迫害と禁教にいたるまでの歴史を考察する。

（1）ザビエルと日本宣教

〔ザビエルの生い立ち〕

　フランシスコ・ザビエル（1506～1552年）はスペイン北部バスク地方にあったナバラ王国の貴族の家に誕生した。この王国は1515年にスペインに併合されたが、その後もこの地では旧ナバラ王国の勢力やフランスを交えて反乱や紛争がつづいた。ザビエルは5人兄弟の末っ子だったが、いちばん上の姉は修道女となり、ザビエル自身も子どもの頃から聖職者になることを望んでいたという。

　1525年、長じてパリ大学に進み、哲学修士号を得たが、当時のザビエルは高位聖職者となって故郷に戻ることを願っていた。1529年、ロヨラがパリ大学にやって来た。初めの頃、ザビエルはロヨラと距離を取っていたが、やがてその信仰と献身を知るにいたって敬意を抱くようになり、自らも回心を体験した。ザビエルは終生にわたってロヨラに向かって「真の父ドン・イグナチオ」と呼びかける関係をつづけた。1534年8月、ザビエルとロヨラを含む7人の同志はパリで新しい修道会を創設する誓いを立てた。この会は1540年9月にイエズス会として教皇によって公認されたが、それより半年前の3月15日、ザビエルはポルトガル国王の要請に応えて東洋への宣教に出発していた。

ザビエルの航海

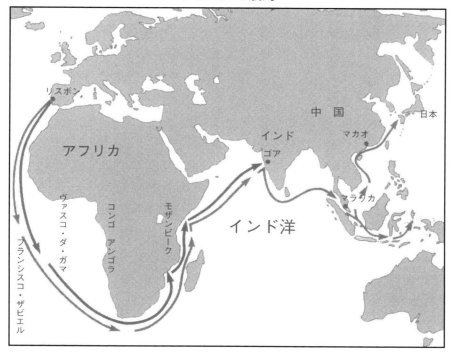

（フスト・ゴンサレス『キリスト教史（上）』新教出版社）

　イエズス会は公認以前から各地に宣教師を送り出していたが、この時にはポルトガル国王ジョアン３世から新しい植民地であるインドにおける宣教を担う人物の推薦を求められていたのである。ロヨラはこれに応えてふたりの修道士を選んだが、そのうちのひとりが急病に倒れたため、代わりにザビエルが派遣されることとなった。ザビエルはローマからスペインを経てポルトガル（リスボン）に立ち寄った後、ヨーロッパを去ってアジアに向かった。アフリカ大陸西岸を南下し喜望峰を回ってインド洋を渡るという約１万6800キロの航海の後、ザビエル一行がインドのゴアに到着したのは1542年５月のことであった。

　ゴアはインド及び東洋におけるポルトガル植民地の中心的な拠点都市であり、交易によって莫大な利益を上げていた。ここにはポルトガル副王や総督、富裕な商人が居住し、大聖堂、教会、修道院などの壮麗な建物が立ち並んでいた。17世紀初頭の最盛期にはゴアは本国のリスボンに匹敵する人口を擁し、「東洋のローマ」とも呼ばれていた。

　ザビエルはゴアを中心に宣教活動を行った。現地の住民たちにキリスト教を広め、洗礼を施すとともに、信徒の信仰教育に力を入れ、インドにおける宣教者の養成をめざして**聖信学院**を設立した。インドにおける宣教では、ポルトガルからの政治的経済的軍事的な利権を期待する原住民の中からキリスト教への集団改宗ということがしばしば起こった。1544年12月にはインド南東端の海岸地方で、総督の援助を期待したマクア族の王のもとで一万人の人々がザビエルから洗礼を受けた。それ以外にも数千人が一度に洗礼を受けるということがあった。

　しかしその一方でキリスト教に対する疑惑や反感を持つ人々も存在した。たとえばインド社会に深く根ざした**カースト制度**のもとで、低いカーストに属する人々の中からキリスト教への改宗を願い出る者が多くあったが、そうした人々にとってキリスト教徒となることは社会的な解放と平等を意味していた。しかし高いカーストに属する人々から見れば、それは既存の慣習や制度を破壊する社会転覆にほかならず、それらの人々はキリスト教の教えに反対する側に回ったのである。

〔ザビエルと日本の出会い〕

　1548年頃になると、ザビエルはインドにおける総督や役人の怠惰や不正、宣教師や資金の不足、名ばかりのキリスト教徒のありさまなどを経験して、無気力に落ち込んでいる自分を意識するようになった。ザビエルはポルトガル国王に宛てた書簡の中で、「陛下よ、インドでは、これほど善い霊的な恵みを受け入れられない特質がありますので、この地方では霊的な

恩恵によって、それほど〔進歩するとは〕思えません」と記す一方、「主なる神への愛と奉仕のために、〔陛下が〕ご臨終にあたって、しておけばよかったとお思いになるであろうすべてのことを、今すぐ急いできわめて入念に果たしていただきたいのです」と大胆な筆致で経済的支援などを求めている（津山千恵『フランシスコ・ザビエル〜神をめぐる文化の衝突』53〜54頁参照）。

　さてポルトガルの商人が種子島に漂着したのは1543年のことであり、当時のヨーロッパ人からすれば日本はごく最近発見された島にすぎなかった。ザビエルが**アンジロウ**（あるいは**ヤジロー**）という人物と初めて出会ったのは1547年12月のことであった。アンジロウ（1512年頃の生まれ？）は鹿児島出身の士族だったが、殺人を犯したためにふたりの従者とともにポルトガル船に密航して日本を離れたのである。その後、自らの罪過に悩んでいた時、高徳の宗教者としてのザビエルの名を聞き及び、彼に会うことを願うようになった。巡察のためにマラッカにやって来たザビエルとめぐりあったアンジロウは、その後、毎日教会にやって来てはキリスト教の教えを学び、またザビエルも彼から日本についての話を聞いた。

　　「サビエルが、日本人はキリスト教を聴くであらうかと尋ねて見たら、アンヘロ〔アンジロウ〕は、先ず日本人は神父に沢山質問するであらう。それに対して神父が何と答へ、何を識ってゐるかを確かめ、更に神父の生活が、その教へと一致してゐるか否かを見るであらう。恐らくこんな試験期が半年も続いて後、国王やその他の諸大名を初め、理性的な者が、皆洗礼を受けるに違ひない。何故なら日本人は、理性に従ふ国民であるからだ、と言った。」（『聖フランシスコ・ザビエル書翰抄（下）』「解説　書翰第二六」3〜4頁）

　この出会いを通じてザビエルは日本への宣教を決意した。アンジロウは

パウロという洗礼名を与えられ、ゴアに赴いて聖信学院で学んだ。彼は8か月ほどでポルトガル語の読み書きに習熟し、ザビエルの日本宣教を助けることとなった。

〔日本におけるザビエルの活動〕

1549年8月、ザビエル一行は鹿児島（田之浦）に上陸した。この時に同行した人々の中には、後々まで日本に留まり大きな働きを果たした**コスメ・デ・トルレス**（1510〜1570年）も含まれていた。

アンジロウの仲介でザビエルは9月29日に領主である島津貴久に面会し、その領地における宣教許可を得た。ザビエルたちは熱心に日本語を学びながら、アンジロウらの通訳の力を借りて、街角や人々の集う家でキリスト教の教えを説いた。またザビエルは仏教にも関心を寄せ、玉竜山福昌寺（曹洞宗）の忍室という高僧に面識を得ている。

ザビエルは鹿児島での数か月の経験から、日本人について、「この国の人びとは今までに発見された国民の中で最高であり、日本人より優れている人びとは、異教徒のあいだでは見つけられないでしょう。彼らは親しみやすく、一般に善良で、悪意がありません、驚くほど名誉心の強い人びと

コラム⑭　「デウス」と「大日」

ザビエルはアンジロウの助けを得て日本語の教理書を作成した。キリスト教の基本的な信仰内容をまとめたもので、これを印刷して宣教に活用することがねらいだったが、当初は不適切な訳語がたくさんあって日本人から失笑を買った。初期の翻訳で大きな問題となったのは、神のことを「**大日**」と訳し、これをザビエルも用いていたことであった。後にザビエルはこれが仏教の「大日如来」と混同されていることを知り、結局、ラテン語の「**デウス**」（deus）をそのまま用いるようになった。

で、他の何ものよりも名誉を重んじます」と記している（『聖フランシスコ・ザビエル書翰抄（下）』26頁）。また日本人は知的好奇心の旺盛な民族であり、地球が丸いことをはじめ、太陽の軌道、雷や雨、雪などの自然現象の説明を喜んで聞くと述べ、日本にやって来る宣教師には自然科学や哲学を含めて広い学識が必要であると記している。

　ザビエルは日本における宣教を推し進めるために、京都に上って国主（天皇のこと）から宣教許可を得ること、また大学（仏教の高等教育機関を指す）を訪れることを願っていた。彼はその書簡の中で、比叡、高野、根来、近江に４つの大学があり、さらに関東の足利にも数千人規模の大学があると記している。ところが上京を援助すると約束していた鹿児島の領主がなかなかその機会を設けてくれなかったために、ザビエルたちは自力で京都に向かうことを決意し、まず平戸をめざして出発した。平戸には1550年７月にポルトガル船が初めて入港し、領主の松浦隆信はこれを喜んで迎え入れた。ザビエル一行も宣教の許可を得て、100人ほどの人々に洗礼を授けた。

　1550年10月末、ザビエル一行は平戸を出発して京都に向かった。11月初旬、**大内義隆**の城下町である山口に着いたが、この町は対明貿易などで富を蓄え、学問芸術も栄え、１万人以上の人口を擁していた。ザビエル一行は山口から岩国へ向かい、そこから堺まで船便を利用した。ある寄港地で土地の名望家の面識を得て、堺の豪商を紹介され、さらにその豪商から京都へ上る貴人を紹介されたので、ザビエルはその一行に同伴して1551年１月半ばに都に到着した。一行は堺の豪商の紹介で、同じく堺出身の小西隆佐（後にキリシタン大名となった小西行長の父）の家に滞在した。

　当時、**足利幕府**はすでにその実権を失っており、各地で戦国大名が台頭し、また**一向宗**や**法華宗**などの宗教勢力が伸張していた。京都の町も**応仁の乱**（1467〜1477年）以来、繰り返し起こった戦乱・飢餓・疫病・大火・洪水などによって疲弊しきっていた。ザビエルの上京した時は三好長慶が

実力者として京都を支配しており、この状態が織田信長の入京（1568年）にいたるまでつづいた。

　結局、ザビエルは天皇との面会を果たすことができず、また比叡山座主との面会も実現することなく、11日間だけ滞在した京都を失意のうちに去ることになった。

　　「都には数日間ゐただけである。私達は国王〔後奈良天皇〕に謁して、日本で信仰教義を説く許可を得ようと思ったのである。ところが私達は、国王に謁することができなかった。その上国民は、もう随分前から、王に従はなくなってゐる由を聞いたので、私は国王に近づかうとするこれ以上の努力を中止し、国王から許可を得ることは、あきらめた。（中略）この地方には、当時新しい戦争が起こりかけてゐたので、私達は、今この地方は、聖教を受け入れる態勢になってゐないと判断せざるを得なかった。
　　都は曾て大きな都会であったけれども、今日では、打ち続いた戦乱の結果、その大部分が破壊されてゐる。昔はここに十八万戸の家が櫛比してゐたといふ。（中略）今でもなほ私には、十万戸以上の家が並んでゐるように思はれるのに、それでゐて、ひどく破壊せられ、且つ灰燼に帰してゐるのである。」（『聖フランシスコ・ザビエル書翰抄（下）』104頁）

　ザビエルは往路と同様の辛苦を経て、3月半ばに平戸に戻った。同地に残っていたトルレスたちは領主を含む40人ほどの人々に洗礼を授けていた。日本における宣教の拠点を作るために、ザビエルはふたたび山口に向かい、4月末、ポルトガルのインド総督の使節としての親書と贈り物を携えて領主の大内義隆に謁見した。義隆は宣教の許可を与え、廃寺となっていた大道寺を宿舎として彼らに与えた。

　ザビエルはその寺で毎日2回説教したが、入りきれないほどの人々が押し寄せた。聴衆はさまざまな質問をザビエルに浴びせたが、その中には、

111

デウスとはどのようなものかといった宗教的な問いの他に、天文地理に関する科学的知識についての問いも含まれていた。人々が問うた中でもっとも深刻な質問のひとつは、すでに死んだ先祖に関わるものであった。ザビエルは、「山口の信者は、神の全善に就いての重大な疑問に襲はれた。（中略）私達の教へてゐるやうに、神を礼拝しない者は、地獄へ堕ちるとすれば、神は祖先に対して無慈悲である。何となれば、神は教について何も識らない祖先が、地獄へ堕ちることを許したからである」（『聖フランシスコ・ザビエル書翰抄（下）』109〜110頁）と記している。ザビエルはこれに対して、先祖たちも自然啓示的なかたちによって神の掟や罪については知っていたはずであるという説明を試みて納得を得たと述べている。

　ザビエルは山口に4か月余り滞在し、この間に500人ほどの人々が信者になった。またこの町で仏教の僧侶たちと宗論を繰り広げている間に、日

コラム⑥⑤　ロレンソという日本人信徒

　山口におけるザビエルの宣教によって入信したひとりの琵琶法師がおり、**ロレンソ**という洗礼名を与えられた（日本名不明）。彼はイエズス会の日本人修道士となり、長く宣教活動をつづけ、武士、僧侶、学者などの有力者を含む数千人の人々をキリスト教へ導いたことで知られている。「ロレンソは肥前白石の出身で、一五二六年（大永六）に生まれ、受洗後まもなく同宿（元来は仏教用語で、宣教師の通訳、教理の説明、教会内で奉仕の仕事などにあたった）として教会に仕えるようになった。明晰な知性の持ち主で、キリストの教えを深く理解し、それを立派に説明できる優れた説教家であった。／彼の話を聞いて改心した人々のなかには、高山飛騨守ダリヨとその息子右近ジュスト、小西立佐とその子行長アゴスチーニョなど、指導的なキリシタンたちがいた。彼は後にイエズス会に入会し（正式に入会した時期は明らかでないが、日本人としては第一号であった）、約四〇年間説教師として身分の上下を問わずに熱心に宣教に励み、大きな功績をおさめた。」（尾原悟『ザビエル』80頁）

本人が中国文化の影響を深く受けていることを知り、日本人を教化するためには中国に宣教し、中国人を教化する必要があると考えるようになった。

1551年９月、ザビエルは豊後に入港したポルトガル船を訪ね、同地の領主・**大友宗麟**（そうりん）（義鎮（よししげ）、1530～1587年）に喜んで迎え入れられた。宗麟はこの出会いの時からキリスト教に関心を寄せていたらしく、後にフロイスから洗礼を受けることになった（1578年）。

10月、山口で陶晴賢（すえはるたか）が反乱を起こし、領主・義隆を追うという事件が生じた。この町に残っていたトルレス以下のイエズス会の修道士たちは危険にさらされ、教会も大きな被害を受けた。そこでザビエルは山口における教会の再建や日本における宣教のための資金を整えるために、一時、インドに戻ることを決意し、11月15日、２年３か月の滞在を終えて日本から旅立った。

ザビエルはゴアに戻ると彼の不在中に生じていた問題を処理し、インド管区の組織の立て直しをはかった。その後、かねてからの腹案であった中国への宣教を実行に移すことを決意し、ポルトガル副王の使節とともに中国をめざした。ザビエル一行はさまざまな妨害を乗り越え、広東から150キロほどの距離にあり、中国人とポルトガルの密貿易の中心となっていた上川島（サンチャン島）に達した。しかしザビエルは中国本土への渡航を計画するうちに体調を崩し、1552年12月３日、46歳８か月の生涯を終えた。その遺体は後にゴアに移された。

イエズス会総会長であったロヨラが盟友であるザビエルの死を知ったのはかなり後のことであった。1553年６月にロヨラはザビエルに宛ててローマへの帰還を促す書簡を発しているが、ロヨラはザビエルを彼の後継者に据える思いを抱いていたようである。ザビエルは後にカトリック教会の聖人として列聖され、「**東洋の使徒**」（ベネディクトゥス14世）、「**布教の保護者**」（ピウス10世）、「**旅する者の守護者**」（ピウス12世）、「**すべての宣教の保護者**」（ヨハネス・パウルス２世）と呼ばれるようになった。

（2）日本におけるカトリックの宣教

〔ザビエル以降のキリシタン宣教〕

　戦国時代以降、日本のキリスト教徒は**キリシタン**と呼ばれるようになっていった。この言葉は「キリスト教会」や「キリスト教徒」を意味するポルトガル語の「クリスタン」（Christão）に由来する。キリスト教は最初、仏教の一宗派と誤解され、「南蛮宗」、「天竺宗」、「伴天連宗」などとも呼ばれていたが、やがてキリシタンの呼称が一般的になり、「吉利支丹」などの当て字が用いられるようになった。後に禁教の対象となると、「切支丹」「鬼里至端」「切死端」など悪意を交えた漢字が用いられ、江戸時代を通じて忌まわしい邪教という印象が広まっていった。

　日本におけるカトリックの宣教はおおよそ3つの時代に分けることができる。すなわち、ザビエル以降、各地の支配者によって宣教が公認されていた時代（1549～1587年）、秀吉が「伴天連追放令」を公布したものの宣教が黙認されていた時代（1587～1614年）、徳川幕府による本格的な禁教と迫害の時代（1614年以降）である。

　ザビエルが日本を去った後、イエズス会の初代の**日本布教長**となったトルレスは山口から九州に拠点を移して宣教活動を繰り広げた。トルレスはザビエルの後継者としてその方針に従って活動したが、五野井隆史によれば、その方針とは、（1）日本と日本人に対する適応主義の実践、（2）封建領主から宣教の許可を入手し家臣と領民に対する自由な宣教を確保すること、（3）ポルトガル商船の日本来港を宣教活動に積極的に利用すること、（4）機会をとらえて京都での宣教に着手することなどであったという（『日本キリスト教史』47頁）。このような日本文化への適応の一例として、肉食を嫌う日本人に合わせ、トルレス自身も米と魚と野菜のみの食事に限ったと伝えられている。この他にもトルレスは貧者の救済や医療、孤児の養育、

子どもたちの教育活動など、さまざまな社会的活動に力を入れ、また貧富にかかわらず死者に対する荘厳な儀式を執り行うことによって多くの人々の歓心を得た。1560年には将軍である足利義輝（在位1546～1565年）に謁見し、京都での活動を認められた。

　日本におけるカトリックの宣教はまず九州で多くの信者を獲得し、やがて西日本から京都など近畿一帯に教勢を拡大していった。1570年代には教会数約150、信徒数は10万人に達したという。京都に**南蛮寺**と呼ばれた教会堂が建設されたのは1576年のことである。

　この時期には大村純忠や有馬晴信、高山右近、小西行長、蒲生氏郷など多くの**キリシタン大名**が生まれた。これらの大名たちの中には南蛮貿易による利益やヨーロッパの新しい知識や技術に対する関心からキリスト教に接近した者も多かったが、最初のキリシタン大名といわれる**大村純忠**（1533～1587年）の場合、その領内（九州・大村）において家臣や領民を集団改宗させ、寺社を破壊し、また長崎周辺の土地をイエズス会に寄進して教会領とするなど、徹底したキリスト教化を推進しようとした。また**高山右近**（1552～1615年）は12歳で洗礼を受け、多くの大名をキリスト教信仰へ導いたが、秀吉の禁教政策に従わなかったために領地を没収され、後に徳川幕府の禁教令によってマニラに流され同地で亡くなった。細川忠興の夫人**ガラシヤ**（1564～1600年）も熱心なキリシタンとして知られており、大坂（大阪）の自邸に孤児院を設け、最後までその活動をつづけた。

　キリシタンの信仰生活の中心に置かれていたのはミサ（礼拝、典礼）であり、**パードレ**（司祭）がそれを司式し、**イルマン**（修道士）が補助した。イエズス会はキリスト教の信仰を説くとともに数々の慈善事業を行ったが、当時の人々にとってこうした社会的活動は見なれぬものであったために、宣教師やキリシタンの活動を日本の植民地化を意図したものと曲解する者もあり、仏教の僧の中にはそれを誹謗する者もいた。

　また日本人の信徒で司祭たちの活動を助ける**同宿**という役職があっ

コラム⑯　フロイスと日本宣教

　カトリックの日本宣教においてもっともよく知られている人物のひとりが**ルイス・フロイス**（1532〜1597）である。フロイスはリスボンに生まれ、1548年に16歳でイエズス会に入会した。同年にインドのゴアへ赴き、1563年には長崎に上陸して念願だった日本宣教に携わることとなった。京や堺で活動するうちに**織田信長**と懇意になり、近畿での宣教を認められた。語学に長じ、布教長カブラルの都訪問（1571、1574年）、ヴァリニャーノの信長訪問（1581年）、初代日本準管区長ガスパル・コエリョの日本巡視（1586年）の際には、いずれも通訳として働いた。後に九州に移り、晩年は長崎に落ち着き、同地で没した。フロイスは「一五九二年一〇月から二〜三年の間日本を離れたときを除けば、一五九七年七月に長崎で死去するまでの三〇年あまりにわたって、当時イエズス会士が宣教を担当していたほとんどすべての地に足跡をしるしている。」（尾原悟『ザビエル』154頁）フロイスは彼の見聞したことを130通を超える長文の書簡によってゴアやヨーロッパに書き送り、また準管区の年報作成担当の秘書として日本各地から送られてくる宣教師たちの報告をまとめて、『イエズス会日本年報』をローマに送った。1597年2月の長崎の二十六聖人の殉教を目撃し、3月にこれをまとめたものがヨーロッパに送られた彼の最後の報告となった。フロイスは上長の命令によって、ザビエル以来の日本の宣教をまとめた文書を作成したが、これが大著『**日本史**』である。「『日本史』は、日本の気候、風習、宗教など三七章からなる総論にはじまり、第一部が一一六章、第2部が一三二章、第3部が五六章からなる、現存する写本が約二五〇〇ページの膨大なものである。」（前掲書155〜156頁）

た。信徒たちの団体として**コンフラリヤ（信心会）**や**ミゼルコルジヤ（慈悲の会）**が各地で組織され、信徒同士の交流や相互扶助の場となるとともに地域社会におけるさまざまな奉仕活動を担った。海老沢有道は、これらの信徒団体について、「彼らは極めて厳格な会則を定めており、多くは慈悲役という委員を互選し、そのうち一人が組頭となり、組員に信心書を定期

の集会で読み聞かせ、信心業を行い、長崎のミゼルコルヂヤの組に例を採ると、男女別の慈悲屋と呼ぶ養老院、孤児院、難民救済所、オスピタルまた養生屋と呼ばれた病院と癩病院、それに墓地管理に当たっている他、町民にも精神的に現世的に種々の奉仕をなし、葬送には賤民の仕事とされた棺をかつぎ、墓掘りをし、奴隷・娼婦の救済や、殉教者遺家族の保護など、あらゆる事業を行っている」(『日本キリスト教史』71〜72頁) と記している。もともとこうした団体は中世ヨーロッパの各地で信徒の自主的活動として生まれたものだったが (上巻・第10章参照)、日本の場合、司祭が主導して組織された点に特徴がある。しかし後にキリシタンが禁じられ司祭不在の状況が生まれると、こうした信徒の組織がひそかに教会を維持し信仰を伝えるために重要な役割を果たすようになっていった。

〔宣教と適応主義〕

　新大陸やアフリカ、アジアに進出したスペイン人やポルトガル人がヨーロッパの文明と比べてその植民地の社会や文化を否定的に評価し、現地の住民に対して高圧的に振る舞うという姿勢は当時としてはむしろ一般的なものであったが、宣教師の中にもそうした態度を共有していた人間は少なくなかった。この時代のカトリック教会の世界宣教においては、信仰と文化をめぐる葛藤が各地でしばしば大きな問題となった。宣教師たちはキリスト教の信仰とヨーロッパの文化を区別しておらず、新たな宣教地にヨーロッパの文化や慣習を持ち込むことが通例となっていた。宣教師たちはキリスト教に改宗した現地の住民に**洗礼名**を与え、ヨーロッパ風の衣服を着ることを勧めた。また改宗した人々の中にも洗礼を受けることはポルトガル国王の臣下になることであると信じた人々も多かった。しかしそれは伝統的な文化や既存の社会秩序を破壊するものとなったために、現地の支配者や知識人の間にキリスト教や宣教師に対する警戒と反感を生む原因ともなった。

　これに対して、宣教地の文化や慣習に順応・適応しようとする試みがなされることもあった。ザビエルは自分の経験から、日本の宣教においては、神の福音を伝える上で支障のない限り、日常生活に関して日本の文化や慣習に適応することを推奨した。しかし宣教師たちの中にはこうしたやり方に反対する者も少なくなかった。後述するヴァリニャーノはイエズス会総会長に提出した『日本巡察記』の中で、宣教師たちが日本の習慣に慣れようとしなかったことで日本人から次のように批判されたと伝えている。

　　「あなた方〔宣教師たち〕が日本の風習や礼儀を覚えないのは、それを覚えようともしないし、それがあなた方の気に入らないからである。それは私たちに対する侮辱であり、道理にも反する。何故なら、あなた方が日本に来てその数も少ない以上は、日本の風習に従うべきであり、私たちは日本の礼式を止めることはできないし、あなた方の風習に従うべきでもない。」（『日本巡察記』23章、122頁）

　さらにヴァリニャーノは日本の文化的特質とそれがいかにヨーロッパと異なるかを述べた後、**適応主義**の重要性を次のように説いている。

　　「彼等の食事、饗応、娯楽、儀礼に接し、これらを耐え忍ぶことは、我等にとってはこれほどの苦痛や苦行は（今まで）なかったと言わねばならぬほどであり、我等イエズス会を統括するに際しては、日本人の風習に順応させること以上に困難なことはないと思われる。従来はこの点で多く欠けたところがあった為に、大きい成果を失ったのである。私の考えでは、もしこの点を守っておれば、さらに多くの優秀な信者を獲得していたことであろう。なぜならこの三ヵ月間の経験により、この欠陥を除去した為に、大いなる成果を収め得たことを知るからである。」（前掲書125頁）

　しかしこうした適応主義をめぐっては、キリスト教の信仰とそれぞれの社会の伝統や状況の関わりのもとで微妙な問題が浮上してくることもあった。たとえば南インドで活動したイエズス会士**ロベルト・デ・ノビリ**（1577〜1656年）はカースト制を前提とする活動を行い、また中国で宣教したマテオ・リッチは儒教の儀式と先祖崇拝を認めつつ活動した。しかしこうした適応主義の実践については、前者の方法は福音の本質や正義の問題という点から非難され、後者は偶像崇拝を容認しているとして批判されたのである。

〔ヴァリニャーノの宣教〕

　日本における第2代の布教長となった**フランシスコ・カブラル**（1533〜1609年）は1568年からおよそ10年にわたって宣教活動に携わったポルトガル人であった。彼は日本の政治は野蛮であり、人々は偽善的であって、領主たちは打算的でキリスト教やイエズス会修道士のことを南蛮貿易に関連させてしか考えていないと理解していた。カブラルはトルレスの適応主義的な宣教方針に反対する立場をとり、ポルトガルとインド管区の主導のもとでヨーロッパの宣教師中心の植民地主義的な宣教を行おうとした。カブラルは1595年12月10日付けの書簡の中で、「私は日本人ほど傲慢、貪欲、不安定で偽装的な国民を見たことがない。（中略）日本で宗門〔キリスト教のこと〕に入る者は、通常世間では生計が成り立たぬ者であり、生計が立つ者が修道士になることは考えられない」（尾原悟『ザビエル』120〜121頁より引用）と記している。

　カブラルによれば、日本人がヨーロッパの習慣に適応すべきであって、その逆ではない。また日本人修道士とヨーロッパ人修道士の扱いは異なるべきであって、日本人がポルトガル語やラテン語を学ぶ必要はなく、ヨーロッパ人が日本語を学ぶ必要もないと考えた。カブラルは日本人司祭を養成するための教育に一貫して反対したが、その理由は日本人の資質がそれ

にふさわしくないということと、イエズス会内部での日本人の発言力の増大を嫌ったためであった。

　しかし彼と同時期に活動していた宣教師の中には、**オルガンティーノ**（1530 ？〜 1609年）のように日本の文化を受容しながら宣教の成果を挙げていた人物もおり、日本人司祭の養成に肯定的意見を持つ者もあった。

　このような宣教の原則的方針をめぐる問題や現地の住民から聖職者を養成すべきか否かという問題は、カトリックの世界宣教が展開していく中で日本に限らず各地で議論のテーマとなった。そうした中で適応主義の方針を確立し、日本における宣教を大きく前進させた人物が、イエズス会の巡察使**アレシャンドゥロ・ヴァリニャーノ**（1539 〜 1606年）であった。

　ヴァリニャーノはイタリアに生まれ、パドヴァ大学で法学や神学を学び、1566年にイエズス会士となり、1570年には司祭に任ぜられた。イエズス会の第四代総会長メルクリアン（在職1573 〜 1580年）によって**インド管区**（東インド管区）の巡察使という重職に抜擢されたが、この管区には西はエチオピアなどのアフリカ東部から東は日本までの広大な領域が含まれていた。ヴァリニャーノは1574年にゴアに赴き、各地の視察を開始した。1578年にはマカオに赴き、中国への宣教を準備するために活動した。後にヴァリニャーノの指示に従って、ミケーレ・ルッジェーリ、そしてマテオ・リッチのふたりが共同で中国への宣教に取り組むことになった。

　ヴァリニャーノがかねてから関心を寄せていた日本に初めて上陸したのは1579年 7 月のことである。当時はザビエル以来30年を経て日本人信徒は30万人に達していたといわれるが、他方、日本における宣教方針や個々の活動内容についてイエズス会指導者の間でさまざまな議論が生じていた時期でもあった。

　ヴァリニャーノは前後 3 回にわたって日本を訪れたが（1579 〜 1579年、90 〜 1592年、1597 〜 1603年）、当初、彼は伝え聞いていた日本宣教の成果とまのあたりにした現実の課題のギャップに危機を感じたほどであった。彼

はカブラルの方針が宣教に悪影響を及ぼしているとみなし、適応主義に
立った新しい宣教方策への転換を推し進めた。ヴァリニャーノが著した
『日本布教長規則』(1580年)と『日本イエズス会士礼法指針』(1581年)には、
この適応主義の方針がはっきりと示されている。すなわち前者は宣教の基
本方針を定めたものであり、その中でヨーロッパ人と日本人を対等に扱う
こと、ヨーロッパ人の側が日本人の風習や文化に倣うべきことを示唆して
いる。また後者はイエズス会士のための具体的な宣教上のガイドラインで
あり、日本社会の身分秩序や生活習慣に適応した具体的な振る舞い方を示
している。

　ヴァリニャーノはこれらの方針を実行に移すために、日本で活動する全
イエズス会士の会議を開催し、1582年1月に日本におけるイエズス会の基
本方針を決定した。桑原直己によれば、「これはザビエル以来の日本布教
における諸問題を一挙に処理し、以後のキリシタン史の方向を決定づける
ものであった」(『キリシタン時代とイエズス会教育』80頁)という。

　ヴァリニャーノは新たな宣教方針に沿って、さまざまな具体的措置を決
定・実施していった。教会の組織についていえば、日本はインド管区か
ら独立した准管区に位置づけられることになり、さらに「都」(京阪地方)、
「豊後」(豊後・豊前・日向の一部)、「下」(前者を除く九州)の3つの布教区に
分けられた。かねてから日本人の資質に疑問を抱いていた布教長カブラル
は解任されてマカオに移され、これに代わって**ガスパール・コエリヨ**(在
職1581～1590年)が日本の初代の準管区長に任じられた。

　また日本人に対する新たな教育方針と制度が策定され、一般の人々に対
して開かれた初等教育機関と日本人聖職者を養成するための専門教育を
施す高等教育機関を設置することが決定された。初等教育を行う機関は
教会に併設され、世代や階層を問わずまた女子も対象とするもので、日
本語の読み書き、ローマ字、音楽、そしてカテキスモ(教理問答)などを
教え、「その数は一五八二年(天正一〇)には全国で二〇〇におよぶほどで

あった」（尾原悟『ザビエル』123頁）という。高等教育機関に含まれるもの
は、**セミナリヨ**（神学校）、**ノヴィシアード**（修練院）、**コレジヨ**（学院）で
ある。セミナリヨは安土と有馬（島原半島）に設けられ、教養課程が教え
られた。これを終えてイエズス会に入会することを望む者のための準備機
関としてノヴィシアードが豊後の臼杵に設けられた。修練の後、学生は府
内（大分）に建てられたコレジヨで神学や哲学を学んだ。コレジヨは後に
天草に移された。

　日本から初めてヨーロッパに派遣された**天正遣欧使節**もヴァリニャーノ
の発案によるものであった。最初の日本滞在を終えるにあたり、ヴァリ

コラム⑥⑦　『どちりなきりしたん』の教えから

　『どちりなきりしたん』には神への信仰と隣人愛の教えが次のように記されて
いる。「一には、ただ御一体のでうすを万事にこえて、御大切に敬ひ奉るべし。
二には、わが身のごとく、ぽろしも〔隣人／ポルトガル語〕を思へと云事也」（ル
カ10：27）。なお、**「アモル／アモール」**（Amor、「愛」／ラテン語、ポルトガル語）につ
いては**「大切、思い」**（Taixet , vomoi）という訳語が当てられた。尾原悟によれば、
「日本人に希薄といわれる人格の尊厳の意識がここで強調される。自己を深める
ことのできる人のみポロシモを思うことができ、まことにポロシモを思うこと
に努めることが、そのままわが身をも深めることにつながるのである。このわ
が身とポロシモへの大切〔愛〕が一つになる時、それがそのままデウスへの御
大切〔愛〕を尽くすことになる」という（『ザビエル』176頁）。また海老沢有道は、「キ
リシタンはこれらの教え〔『どちりなきりしたん』に見られる人間の人格、アニ
マ（魂）、神への愛と隣人愛の尊重、そしてそれらを言葉と行動を持って証し
することなど〕に従い、そして人格はデウスの前に平等であり、神から与えられ、
しかも全世界の価値以上に尊いものとの観念をもって慈善事業に、矯風活動に、
あるいは主従関係から商取引契約などの実践を行っている」（『日本キリスト教史』
70頁）という。